AF579893

TRAITÉ PRATIQUE

DE

L'EXPLOITATION DES MINES DE HOUILLE,

PAR JOHN HEDLEY,

DIRECTEUR DE MINES, ETC.

TRADUIT DE L'ANGLAIS,

AVEC L'AUTORISATION DE L'AUTEUR

et annoté

PAR G^me LAMBERT,

ASPIRANT-INGÉNIEUR DES MINES

et

ED. MODESSE,

DIRECTEUR-GÉRANT DE CHARBONNAGES.

LIÉGE,
E. NOBLET, ÉDITEUR,
Place Derrière-St.-Paul.

PARIS,
BORRANI ET DROZ,
7, rue des Saints-Pères.

1853

TRAITÉ PRATIQUE

DE L'EXPLOITATION

DES MINES DE HOUILLE.

Lyon — Imp. de J. G. [illegible]

TRAITÉ PRATIQUE

DE

L'EXPLOITATION DES MINES DE HOUILLE,

PAR JOHN HEDLEY,

DIRECTEUR DE MINES, ETC.

TRADUIT DE L'ANGLAIS,

AVEC L'AUTORISATION DE L'AUTEUR

et annoté

PAR G^me LAMBERT,

ASPIRANT-INGENIEUR DES MINES

et

ED. MODESSE,

DIRECTEUR-GÉRANT DE CHARBONNAGES.

LIÉGE,

E. NOBLET, ÉDITEUR,

Place Derrière-St.-Paul.

1853

A Messieurs les Président et Membres de la commission des exploitants de Mines de houille du couchant de Mons.

Messieurs,

Les efforts que les exploitants du bassin houiller de Mons ont fait, depuis quelques années, pour connaître les procédés d'exploitation suivis chez leurs concurrents du Nord de l'Angleterre, ont déjà produit de bons résultats dans notre pays.

Toutefois, il n'est pas permis de s'en tenir là, car chaque jour amène, dans le travail des Mines comme dans les autres branches d'industrie, de nouveaux perfectionnements dont chacun doit immédiatement profiter, au risque de se voir bientôt surpasser.

De plus, l'accroissement de la lutte industrielle qui doit

résulter des progrès de la liberté commerciale, nécessite aussi des préparatifs, et pour connaître ceux de ces préparatifs dont il convient de s'occuper en premier lieu, ainsi que pour bien apprécier l'étendue qu'il faut leur donner, le moyen le plus sûr et le plus économique consiste évidemment à visiter fréquemment les centres industriels étrangers et à reproduire dans sa langue toutes les publications intéressantes qui paraissent, sur la question dont on s'occupe.

La preuve que vous approuvez cette manière de voir, Messieurs, c'est le présent travail lui-même : Vers le commencement de l'année dernière, à son retour d'un voyage qu'il venait de faire pour visiter les Mines de l'Angleterre, l'un de nous, M. Guillaume Lambert, vous ayant présenté l'ouvrage anglais de M. J. Hedley, sur l'exploitation et la ventilation des mines de houille, vous vous êtes chargés, avec empressement, de payer les frais de réimpression de ce travail en français, et c'est cette réimpression que nous avons, aujourd'hui, l'honneur de vous offrir.

Tout ce que renferme cette œuvre n'est pas nouveau, mais on doit reconnaître qu'il s'y trouve plusieurs renseignements curieux et intéressants, principalement : Sur la disposition des tailles; sur la division complète et la distribution judicieuse de l'aérage; sur le soutènement des galeries au moyen des muraillements; etc.

Dans cet écrit, principalement destiné aux maîtres mineurs, M. Hedley revient souvent sur le défaut d'instruction de ces employés et de tous les ouvriers mineurs en général et il ne cesse de répéter que le seul moyen d'augmenter le bien-être de cette classe de travailleurs et de la soustraire plus sûrement, que cela n'a eu lieu jusqu'aujourd'hui, aux nombreuses chances d'accident qui la menacent, c'est de la perfectionner par l'instruction. Sur ce point éminemment important, chacun sait qu'il reste aux moins autant à faire en Belgique qu'en Angleterre; en sorte que les conseils de l'auteur peuvent servir aussi utilement à l'un de ces pays qu'à l'autre

Quant à la traduction, elle laisse, nous n'en doutons pas, beaucoup à désirer; mais nous nous sommes principalement attachés à rendre fidèlement la pensée de l'auteur, et l'on sait que ce travail n'est pas toujours bien facile, surtout pour ceux qui n'ont pas habité le pays où l'on parle la langue à traduire.

Pour éviter des redites, quelques paragraphes qui sont en double dans l'ouvrage anglais ont été supprimés.

Afin de pouvoir conserver entièrement à ce travail son originalité, nous y avons joint nos observations sous forme de notes.

En nous autorisant obligeamment à reproduire son travail en français, M. Hedley nous avait annoncé qu'il nous adresserait, pour y être ajoutés sous forme de supplément, les résultats des nouvelles expériences que l'association des Ingénieurs des Mines vient de faire, en Angleterre, sur l'emploi de la vapeur, des foyers, etc., pour déterminer la ventilation dans les Mines; mais, en réponse à la lettre que nous lui avions adressée, pour le prier de nous envoyer ces renseignements sans retard, il nous fait savoir que les recherches dont il s'agit ne sont pas encore terminées et qu'aussitôt qu'elles le seront il s'empressera de nous en faire connaître les résultats.

Nous regrettons beaucoup que cette circonstance soit venue s'opposer à la publication immédiate de ces renseignements qui, suivant M. Hedley, offrent un haut intérêt.

Agréez, Messieurs, l'expression de notre parfaite considération.

G^me^ Lambert, Ed. Modesse.

Mons, le 10 mars 1853.

TRAITÉ PRATIQUE

DE L'EXPLOITATION DES MINES.

CHAPITRE PREMIER.

INTRODUCTION.

Mon but, en publiant les pages suivantes, est de répandre parmi les conducteurs des travaux de houillères et autres personnes s'occupant de l'exploitation des mines, la connaissance des différents modes de travail et des systèmes de ventilation les plus recommandables employés dans les charbonnages de notre pays.

Le besoin, chez les hommes pratiques, de connaissances plus générales et plus étendues sur l'exploitation des mines, m'a souvent été démontré d'une manière évidente, dans l'exécution de mes fonctions, comme inspecteur des mines.

Aussi, depuis quelque temps déjà, javais formé le projet de publier un ouvrage sur ce sujet, mais d'autres occupations en avaient jusqu'ici arrêté l'accomplissement.

Je prie les personnes de ma profession de croire que ces pages sont destinées particulièrement aux conducteurs des travaux de charbonnages. J'ai fait tous mes efforts pour les mettre à leur portée.

Dans cet ouvrage j'ai appliqué le nom de *Undergroud Manager* (conducteurs des travaux souterrains) aux personnes qui, dans leurs localités respectives, sont connues sous les désignations de *Under-Viewers* (sous-inspecteurs), *Overmen* (contre-maitres), *Bottom-Stewarts* (gardiens du fond), *Under-Lockers* (surveillant du fond), *Under Ground-Bailiffs*, etc.

L'accomplissement de mes fonctions pendant ces douze dernières années, dans les mines de houille de *Newcastle* et dans celles du Yorkshire et du Lancashire; les visites que j'ai eu occasion de faire dans d'autres districts des mines, m'ont mis journellement en contact avec les conducteurs des travaux, parmi lesquels j'ai rencontré beaucoup d'hommes habiles et instruits; mais j'ai eu souvent occasion d'observer que cette habileté et cette instruction se bornaient aux méthodes particulières de travail pratiquées dans leurs propres localités, tandis que dans un grand nombre de cas, les méthodes suivies dans d'autres districts pouvaient y être adoptées avec beaucoup d'avantages.

Dans chaque district houiller, les hommes pratiques maintiennent, par préjugés, les modes de disposer et d'exécuter les travaux souterrains.

Nous ne devons pas en être surpris, car, en général, les directeurs des travaux ont été élevés dans la pratique d'un système de travail auquel ils sont souvent si habitués que, même s'ils n'étaient pas routiniers, ils seraient toujours peu disposés à en adopter un autre.

Les mineurs de *Newcastle* ne veulent entendre parler que des ouvrages par galeries et piliers; ceux du Yorkshire les disposent par galeries et grandes tailles; enfin ceux du Derbyshire et de quelques-uns des bassins du Sud n'approuvent que les grandes tailles avec muraillement.

Je serais heureux de voir les conducteurs des travaux acquérir la connaissance des divers systèmes d'exploitation, afin qu'ils soient compétents pour choisir celui qui peut être adopté avec le plus d'avantage aux conditions dans lesquelles leur mine se trouve placée.

Plusieurs détails pratiques n'ont pas été donnés dans cet ouvrage, parce que j'ai admis, que ceux qui remplissent les fonctions de conducteur des travaux possèdent la connaissance de ces détails; et en effet, sans cela, ils ne pourraient occuper un tel emploi.

J'ai appelé l'attention sur l'usage des instruments indiquant les changements de l'atmosphère, lesquels, en occasionnant le dégagement du gaz contenu dans les remblais et les fissures du terrain, modifient l'état de sécurité des mines.

J'ai aussi dit quelques mots des autres instruments généralement employés dans les mines.

J'ai ajouté en appendice à cet ouvrage les règles et prescriptions qui doivent être observées dans les houillères, aussi bien à la surface qu'à l'intérieur.

Ces règles appelleront l'attention des surveillants des travaux sur les moyens qui doivent être mis en usage pour préserver la vie et la santé de leurs ouvriers.

On trouvera encore quelques remarques sur la lampe de sûreté, avec les règles à observer pour son emploi dans les mines à grisou. Les prescriptions sur la lampe de sûreté ont été d'abord formulées par mon ami Edouard Potter, inspecteur de South-Hetton, de Cramlington et d'autres houillères du Nord de l'Angleterre, où cette lampe a été généralement adoptée.

Enfin, j'ai donné une adresse aux conducteurs des travaux, sur leurs devoirs et j'ai attiré leur attention sur quelques points négligés, concernant les détails pratiques.

Les remarques sur l'état dans lequel les gaz existent dans les mines par T.-J. Taylor, inspecteur à Newcastle, qui ont été consignées dans un récent rapport du professeur Phillips sur la ventilation des travaux souterrains doivent être lues attentivement par les praticiens. Il est essentiel qu'ils connaissent tout ce qui a rapport aux gaz que l'on rencontre dans les mines, ainsi que les moyens à employer pour en préserver les ouvriers.

Pour les couches à grisou situées à une petite profondeur, le gaz existe à un faible état de tension et se dégage régulièrement de la veine, de la roche et des remblais, lorsque les influences atmosphériques ne viennent pas s'y opposer.

Les moyens de ventilation employés pour obtenir une sécurité parfaite dans ces couches ne peuvent plus suffire pour celles exploitées à une grande profondeur, où le gaz a une forte tension et se trouve accumulé dans les cavités de la veine et des roches avoisinantes ; il arrive alors que le grisou se répand en quantités très-considérables dans les travaux lorsqu'ils approchent de ces réceptacles (1).

(1) C'est là une considération nouvelle à laquelle on n'a pas encore eu beaucoup égard jusqu'à ce jour en Belgique. Elle ne manque pourtant pas d'importance, surtout pour les mines à grisou où l'on doit commencer l'exploitation à une grande profondeur, soit par suite de la présence d'une forte épaisseur de mort terrain, soit autrement. D'ailleurs on a souvent remarqué que lorsqu'une exploitation de mine de houille à grisou a lieu rationnellement, c'est-à-dire en descendant, les cassures qui se produisent dans les parties supérieures du terrain et les vides laissés par les travaux servent de conduits pour l'écoulement des gaz vers la surface, de manière que la quantité de ces gaz diminue chaque jour et que la mine devient de moins en moins dangereuse. *(Note des trad.)*

Plusieurs rapports remarquables sur les mines de houille et sur les explosions de grisou, ont été publiés à différentes époques par des savants éminents de notre siècle. Ces rapports contiennent beaucoup de choses instructives et intéressantes pour les praticiens. Parmi ces écrits, nous citerons les suivants :

Rapport sur les gaz et les explosions dans les mines de houille, par De la Beche, Lyon, Playfair et Warrington Smyth, 1847.

Rapport sur l'explosion dans la houillère de Darley près Barnsley, par MM. Tremenheere et Warrington Smyth, 1849.

Le rapport du comité des *South Shields*, en 1843, *sur la cause des accidents dans les mines de houille*, contient plusieurs renseignements utiles. Ceux adressés à la chambre des communes, en 1843, sur les mêmes accidents et à la chambre des lords, en 1849, sur la ventilation, renferment beaucoup d'observations que tout homme pratique doit connaître.

Les récentes publications du professeur Phillips et de M. Blackwell, *sur la ventilation des Mines,* doivent aussi être lues attentivement par les praticiens.

Elles contiennent des renseignements fort utiles et j'en ai extrait plusieurs données très-intéressantes.

La loi récente sur l'inspection des mines de houille, si les prescriptions en sont exactement suivies, apportera plusieurs réformes désirables et introduira de meilleures règles pour l'exploitation et la ventilation de ces mines. Je serais heureux de voir ces perfectionnements produire tous leurs effets. Puissent mes humbles travaux donner aux directeurs une connaissance plus complète de l'exploitation des mines que celle qu'ils ont pu acquérir dans leurs localités respectives, et je suis persuadé que les propriétaires et leurs ouvriers en retireront des avantages notables.

Les mines profondes qui existent aujourd'hui demandent à être exploitées sur une plus large échelle que les anciennes, afin d'en extraire des quantités en rapport avec la dépense.

La grande profondeur, l'extension des opérations et l'activité du travail tendent à augmenter les dangers de l'exploitation, et par suite la responsabilité des conducteurs des travaux. Pour satisfaire à ces exigences croissantes, il est indispensable que ces hommes possèdent plus d'intelligence et des connaissances plus étendues.

Ce que l'on demande ici aux conducteurs des travaux est nécessaire, non-seulement pour l'aménagement des mines profondes, mais encore pour la bonne exploitation des houillères en général.

Il est regrettable que dans ces derniers temps l'instruction des ouvriers mineurs ait été généralement négligée.

Les conséquences de cette ignorance ont été si apparentes, dans certains accidents désastreux attribuables au peu d'inctruction morale et intellectuelle des mineurs, que les personnes intéressées à la bonne exploitation des mines ont dû comprendre que des mesures pouvaient être prises pour prévenir de pareils accidents.

C'est évidemment le devoir des propriétaires de houillères, non-seulement pour leur propre considération, mais encore pour celle des personnes qu'ils emploient, de suivre l'exemple donné par beaucoup d'exploitants, qui ont érigé des écoles à l'usage de leurs ouvriers et de ceux du voisinage, dans les localités où l'instruction n'est pas suffisamment répandue.

Les exploitants qui ne pourraient avoir recours à ce moyen doivent au moins encourager activement les établissements qui existent déjà dans leur localité pour l'instruction des classes ouvrières.

Les encouragements pour l'établissement d'écoles publiques, de cabinets de lectures et de cabinets de location de livres, ainsi que pour l'érection de maisons d'ouvriers plus salubres, les efforts des exploitants pour augmenter le bien-être de l'ouvrier mineur et de sa famille, en y apportant plus de soins et un intérêt plus sincère, et enfin beaucoup d'autres améliorations qu'il est inutile de rappeler ici, auront pour effet d'élever le caractère de l'ouvrier, de changer ses habitudes, aujourd'hui souvent imprévoyantes, et de lui donner un meilleur sentiment de ses devoirs envers ses supérieurs et envers lui-même. Enfin, l'ouvrier pourra devenir assez intelligent pour connaître les causes des accidents auxquels il est exposé et il sera par là tout disposé à prendre les précautions nécessaires pour se préserver de ces accidents (1).

(1) En entendant tenir ce langage par un ingénieur de l'Angleterre, de ce pays où l'instruction primaire des ouvriers est poussée jusqu'à ses dernières limites, on comprend combien il reste encore à faire sous ce rapport dans les centres industriels du continent où les ouvriers savent à peine lire et écrire. (*Note des trad.*)

CHAPITRE II.

Remarques sur les différents modes de travail en usage dans les mines de houille.

Dans l'exploitation d'un charbonnage, le propriétaire cherche à extraire la plus grande quantité possible de houille en gros fragments, au prix de revient le plus bas et avec le meilleur aménagement des travaux.

La grosse houille se vend, comme on sait, beaucoup plus cher que la menue de la même qualité.

Le travail du mineur et la méthode d'exploitation ont une grande influence sur le rendement en grosse houille. Je vais appeler l'attention des conducteurs des travaux sur ce sujet.

Il faut admettre qu'il y a dans tous les bassins houillers grand besoin de perfectionner l'instruction de l'ouvrier et sa manière de travailler. De son ignorance il résulte annuellement des pertes considérables dans le rendement en gros, lesquelles pourraient être évitées par plus de soins et d'intelligence de la part des conducteurs des travaux.

Dans le cours de ma carrière, j'ai eu souvent occasion d'observer que ces pertes étaient généralement moindres dans les districts où l'ouvrier a reçu une certaine instruction.

Il est regrettable que les conducteurs des travaux ne fassent pas plus d'efforts pour développer l'instruction de leurs subalternes et pour accroître le nombre des bons ouvriers ; j'ai indiqué dans le chapitre XIX de cet ouvrage les moyens qu'ils doivent employer pour atteindre ce but.

Les conditions dans lesquelles se trouvent placées les couches, eu égard au toit, au mur et à l'allure de ces couches, sont si variables qu'il est impossible que toutes soient exploitées, d'une manière profitable, par le même système.

Le mode d'exploitation suivi exerce, concurremment avec la qualité des charbons, une influence directe sur leur valeur commerciale. Ainsi tel mode produit trente à quarante pour cent ou un tiers environ de plus de grosse houille que tel autre.

Les plus anciennes houillères ont chacune leur mode particulier de travail, plus ou moins convenable, eu égard à la nature des couches.

Dans les mines récemment mises en exploitation, on a généralement adopté les modifications apportées dans les anciennes méthodes de travail.

L'exploitation par galeries et piliers est particulière aux mines de Newcastle ou du Nord.

Dans ce bassin, la disposition des travaux, les systèmes de ventilation et la bonne discipline établie dans les mines les mieux dirigées, peuvent être généralement imités dans les autres bassins. Le mode de travail par grandes tailles avec muraillements est spécial au Derbyshire et à quelques-uns des bassins du Midi.

Par cette méthode, tout le charbon est obtenu à l'aide d'une seule opération, au moyen de tailles que l'on travaille en s'éloignant du puits. Les voies sont maintenues par des muraillements en pierres provenant du toit.

D'autres fois, on perce des galeries préparatoires et le charbon est abattu en revenant vers le puits. Dans ce cas les remblais restent en arrière et il est inutile d'y maintenir des voies.

La méthode par larges galeries est particulière au bassin du Yorkshire; une série de tailles de 6^m à 9^m de large, séparées par des piliers de charbon de $0^m,90$ d'épaisseur, forme un chantier que l'on exploite en s'éloignant de la voie principale de niveau.

Les chantiers sont séparés par des massifs de 18 à 36^m de large, dont l'arrachement a lieu en revenant vers le puits.

Il a été d'usage, et cela se pratique encore dans beaucoup de districts où l'on exploite par galeries et piliers, de n'enlever le charbon des piliers qu'après en avoir préparé un grand champ et conséquemment longtemps après leur formation. Dans ce cas, la quantité de gros charbon que l'on obtient est plus faible que celle qui aurait été obtenue par un travail plus expéditif, et j'ai connu des cas ou les piliers ont été entièrement perdus, pour être restés trop longtemps sans avoir été exploités. L'action atmosphérique prolongée sur certains terrains en détruit la résistance, et occasionne ainsi l'affaissement du toit et l'écrasement des piliers.

L'expérience n'est que trop souvent venue confirmer ce fait.

Une meilleure méthode d'exploitation est pratiquée depuis quelque temps, par les ingénieurs, dans le bassin de Newcastle.

La couche est divisée en districts ou chantiers, dans lesquels l'exploitation des piliers se fait en même temps que le travail des galeries (*Voir pl.* 2); ce travail convient pour une couche horizontale, il permet de réduire autant que possible la portion de la couche laissée pour piliers. Ces piliers restent inexploités pendant 2 à 4 mois, suivant la distance qui doit séparer leur face en exploitation de l'extrémité des galeries.

L'arrangement des travaux en districts, tel qu'il est indiqué planche 3, est appliqué aux couches inclinées situées à une grande profondeur. Pour ces couches, le travail simultané des galeries et des piliers est beaucoup plus coûteux que pour celles horizontales et dans certains cas le transport du charbon y devient presque impossible (1).

Le chantier est entièrement divisé en piliers avant que l'on ne commence l'exploitation de ceux-ci.

D'après le système figuré planche 3, l'enlèvement des piliers commence à la partie supérieure du district. Ce mode permet en outre de profiter de l'inclinaison de la couche pour transporter le charbon à la voie principale.

Lorsqu'on fait usage de plans inclinés automateurs, il faut leur donner une largeur suffisante pour pouvoir établir latéralement un chemin de service dans lequel ne passent pas les chariots.

La planche 13 montre la disposition des travaux pour l'exploitation d'une couche avec un toit peu résistant.

J'ai été à même d'employer les divers modes d'exploitation dont il est question dans cet ouvrage et j'ai toujours reconnu, que celui par grandes tailles méritait la préférence, pour la production du gros charbon.

Beaucoup de personnes croient que les couches situées à une grande profondeur, ne peuvent être exploitées avantageusement par grandes tailles.

Cependant, à Monkwearmouth (Durham), on exploite actuellement, par ce système, à 547^{m} de profondeur et la production en gros charbon est beaucoup plus grande que lorsqu'on travaillait par galeries et piliers.

(1) L'accroissement des difficultés du transport dans ce cas, résulte de la descente du terrain qui diminue la section des galeries et en rend le parcours difficile. *(Note des trad.)*

Une couche dont le charbon est assez résistant, peut être exploitée par grandes tailles, quelle que soit la profondeur à laquelle elle se trouve, si le toit peut fournir les matériaux nécessaires pour la construction des muraillements (1).

Cette exploitation détériore moins le charbon des couches supérieures que toute autre, parce qu'elle permet l'affaissement graduel du terrain ; mais elle n'est pas à recommander pour les couches dont le charbon et le toit sont peu résistants, car, par suite de la pression sur le front des tailles, on n'obtiendrait alors que peu de grosse houille.

L'exploitation en revenant vers le puits, peut être pratiquée dans une mine d'une faible étendue où la préparation du champ d'exploitation n'exige pas trop de temps ; mais pour une grande concession, dont les produits doivent être extraits par une couple de puits, les préparations nécessaires empêcheraient le développement de l'extraction pendant plusieurs années et rendraient le capital engagé improductif pendant le même temps. Toutefois les travaux préparatoires peuvent être poussés vers les extrémités de la concession pendant que l'on exploite une certaine portion de la couche en s'éloignant du puits.

Lorsque l'on a arrêté le système d'exploitation qu'il convient de suivre, et que l'on est sûr de pouvoir obtenir, avec ce sys-

(1) C'est dans les mines de Charleroi que l'on a commencé, en Belgique, à faire usage des blocs de schiste et de grès, provenant quelquefois de l'ouverture des galeries, pour former des muraillements en pierres sèches le long de ces galeries. Ce mode de soutènement s'est ensuite rapidement propagé dans les exploitations du Centre, puis dans celles du Couchant de Mons où il est, aujourd'hui, fort usité. Il présente de grands avantages pour les travaux très-développés et qui doivent durer longtemps ; il offre en outre beaucoup de sécurité et l'on peut dire que dans bien des cas il est plus économique que le boisage. Pour cela il faut toutefois qu'il soit exécuté par des ouvriers capables et bien exercés. (*Note des trad.*)

tème, une bonne ventilation des travaux, un plan général doit être dressé.

Il convient de laisser autour de chaque puits des massifs de charbon assez puissants et de protéger les galeries par des piliers proportionnés à la profondeur à laquelle se trouvent les travaux (1).

Lorsque ces piliers sont trop faibles, la descente du toit les écrase et il résulte de là un surcroît de dépenses pour l'entretien des galeries. De plus, l'exploitation de ces piliers ne fournit alors que peu de gros charbon, le menu se trouve mélangé avec les débris du toit, et le boisage est beaucoup plus coûteux.

Les travaux doivent être conduits régulièrement, et sous aucun prétexte, il ne peut être permis aux ouvriers d'entreprendre un ouvrage avant d'avoir reçu les indications nécessaires; l'ordre et la régularité n'étant pas moins essentiels pour la sécurité des ouvriers que pour l'économie de l'exploitation.

On doit blâmer ceux qui exploitent de très-grandes quantités de charbon aussitôt après le percement des puits. Une telle extraction, opérée avant l'exécution des travaux préparatoires nécessaires, est fréquemment suivie de résultats désastreux.

Le plan d'ensemble des travaux, que nous avons recommandés pour arriver à une bonne exploitation, est surtout indispensable pour le travail des couches interrompues par des crans, *dilles* ou failles.

Dans quelques bassins le propriétaire loue les travaux de sa mine à un exploitant (appelé *Butty* dans le Stafforschire),

(1) Depuis plusieurs années déjà, quelques exploitants du Couchant de Mons, ménagent autour de leurs puits des massifs de houille, circulaires, dont le diamètre croît proportionnellement à la profondeur. (*Note des trad.*)

lequel se charge des soins que nécessite l'extraction du charbon et l'entretien de la mine. Il s'entend pour cela avec des ouvriers qui entreprennent les travaux à prix faits. Mais cette méthode apporte de grands obstacles à l'introduction d'un bon système de ventilation et de discipline; le but de chacun étant, dans de telles circonstances, de retirer le meilleur fruit possible de son marché, il soigne seulement ceux de ses devoirs qui lui sont le plus profitables. Par là, les précautions nécessaires pour la sécurité des ouvriers et la prospérité de la mine sont négligées.

J'admets pourtant qu'il y a parfois des exploitants qui, comprenant la responsabilité qui pèse sur eux, conduisent convenablement leurs travaux; malgré cela la remise des mines en location présente de grands inconvénients et devrait être abandonnée.

CHAPITRE III.

Remarques sur la ventilation des mines.

Les houillères du Bassin de Newcastle, par suite de leur vaste développement et de la grande quantité de grisou qui s'y dégage, exigent une ventilation puissante et bien distribuée, ainsi qu'une discipline sévère.

Dans aucun autre bassin la ventilation et l'ordre n'ont atteint un plus haut degré de perfection.

Dans ces mines, et dans celles de quelques autres bassins, lorsque les travaux sont parvenus à une grande profondeur, ils sont sujets à des éruptions subites de gaz à une haute tension. Ces gaz sont contenus dans des cavités de la couche ou des roches avoisinantes, d'où ils se dégagent lorsque les travaux en approchent. Le système de ventilation le plus puissant peut alors devenir insuffisant pour opérer la diffusion de ces gaz dans l'air, de manière à rendre le mélange inexplosible.

Les particularités rapportées ci-après, qui ont accompagné quelques éruptions de grisou, feront voir quelles grandes quantités de gaz peuvent ainsi se dégager subitement, à une tension très-élevée.

Deux éruptions de gaz eurent lieu à la houillère *Walker*, près de Newcastle, dans une couche située à 293 mètres de profondeur ; la relation en fut faite, par M. Blarke, ingénieur, et rappelée dans les rapports de sir De la Beche, du docteur Lyon Playfair et de M. Warrington Smyth, sur les gaz et les explosions dans les houillères, ainsi que dans un rapport du professeur Phillips sur la ventilation des mines.

La première survint le 13 novembre 1846; les travaux consistaient en deux tailles qui approchaient d'une petite faille ou Dyke.

Une masse de charbon de huit pieds de long, sur quatre de large et six de haut, pesant environ onze tonnes, fut jetée hors de son lit.

Deux hommes travaillaient avec des lampes de sûreté dans la taille où le dégagement eut lieu. L'une de ces lampes fut éteinte, l'autre fut couverte partiellement par le charbon qui s'était détaché et continua à brûler, jusqu'à ce que les ouvriers l'eussent reprise, pour l'éteindre en rentrant la mèche.

Ces hommes s'empressèrent alors d'aller prévenir les autres ouvriers de la mine, en éteignant les lampes qui se trouvaient sur leur passage, et ils se retirèrent près du puits.

Les mesures prises dans cette circonstance, étaient celles prescrites par les réglements de la houillère.

On observa dans les voies d'aérage, qu'un volume d'air de 1,100 mètres cubes environ, fut rendu explosif, par son mélange avec le grisou qui se dégagea subitement; après quinze à vingt minutes, il n'y avait plus aucune trace de grisou.

L'air circulait, dans la partie de la mine où le dégagement eut lieu, avec une vitesse de 1^{m},88 par seconde, ce qui correspondait à un volume de cinq mètres cubes environ dans le même temps.

La seconde éruption se déclara sur un autre point du même Dyke, le 10 décembre 1846. On n'approchait plus de ce Dyke qu'avec précaution et en faisant précéder les fronts de taille de trous de sonde.

Un de ces trous avait déjà percé le dyke et était entré dans le charbon de l'autre côté, sans accident; mais lorsque les ouvriers, en commençant le travail de la couche au-delà de ce dyke, eurent abattu une partie du toit, le charbon terreux qui se trouvait au-dessus du trou de sonde fut déplacé, on entendit un bruit violent, semblable à celui que produit un jet de vapeur et aussitôt eut lieu l'éruption d'une masse de grisou qui vicia le courant d'air, de manière à le rendre explosif, sur une longueur de 585 mètres.

A 365 mètres du point de dégagement, un surveillant (Deputy) voyant sa lampe remplie de feu, fit rentrer la mèche dans le réservoir ; malgré cela, le gaz continua à brûler pendant dix minutes dans cette lampe dont la toile se trouvait portée à la chaleur rouge.

A 585 mètres, quatre ouvriers reconnurent encore la présence du grisou ; ils plongèrent leurs lampes dans l'eau. Il est probable que l'air était encore détonant au-delà de ce point, mais aucune observation ne l'a constaté. Le volume d'air circulant près de la faille a été estimé à 7^{m}. cubes 380, avec une vitesse de 1^{m},67 par seconde.

Après douze à quinze minutes, il n'y avait plus aucune trace de gaz inflammables, excepté aux alentours du soufflard où ces gaz étaient plus chauds que l'air.

La lampe de Davy qui, dans ces occasions, préserva la mine d'explosion, était employée exclusivement à la houillère Walker, depuis l'accident de 1817.

La tension extraordinaire que possède le grisou dans les réservoirs souterrains, est démontrée par les accidents qui arrivèrent lors du creusement de deux puits à la même houillère

Walker où deux fortes éruptions se firent sentir subitement et lancèrent de grandes quantités de débris de roche.

Le professeur Phillips, dans un travail récent sur les mines, mentionne une éruption de gaz survenue à la houillère Haswell, à Durham; les détails lui en furent communiqués par T.-J. Taylor d'Earsdon, auteur déjà cité.

Le soufflard se fit sentir au front de deux tailles d'exploration, à travers lesquelles passaient près de 4m. cub. 666 d'air par seconde, avec une vitesse de 1m,32. La galerie avait une section de 3m,44. Les ouvriers faisaient usage de lampes de sûreté. L'abatteur (Hewer) étant occupé à son travail habituel, entendit un bruit semblable à celui d'une chute d'eau; ce bruit était produit par le gaz, qui se dégageait au front de taille. L'ouvrier se retira sur la voie. Comme le courant d'air qui circulait dans les deux tailles d'exploration devait en sortir presque pur, il servait plus avant à la ventilation d'une autre partie de la mine, où les ouvriers travaillaient avec des chandelles.

Le surveillant de la voie s'aperçut immédiatement du danger et courut en prévenir ces ouvriers, afin qu'ils éteignissent leurs lumières. Il retourna alors sur ses pas et passa à 280 mètres du front de taille, par une communication conduisant à la voie du retour d'air dans laquelle il reconnut, au moyen de sa lampe de sûreté, que le courant était entièrement explosif.

Ce surveillant ayant eu la précaution de laisser ouverte la porte qui se trouvait dans cette communication, la plus grande partie de l'air frais suivit alors le chemin le plus court et comme le jet de grisou était arrêté, la partie du gaz qui était répandu dans la taille et la galerie, vint se diluer dans le courant, vis-à-vis de la communication, en quantité trop faible pour rendre celui-ci explosif. Après une demi-heure, il n'y avait plus aucune trace de grisou dans les travaux.

M. Taylor estime que le volume de gaz violemment dégagé, s'est élevé de 85 à 113 mètres cubes, ce qui a rendu explosif une masse d'air de 993 mètres cubes. Cette quantité lentement dégagée aurait pu facilement être rendue inoffensive, par un courant d'air passant à travers la taille, avec une vitesse de 1m,32 par seconde; mais dans le cas d'une éruption subite, on n'aurait pu obtenir un tel résultat par le courant le plus fort; celui-ci enlevant subitement une telle masse de grisou, aurait ensuite porté le danger avec lui, sur tout son parcours.

De semblables circonstances font reconnaître la grande utilité de la lampe de sûreté et montrent en même temps, combien il est nécessaire de confier la surveillance de l'aérage à des personnes habiles.

M. Taylor observe, avec beaucoup de justesse, qu'il s'était dégagé assez de grisou, pour qu'il s'ensuivît une des plus malheureuses explosions qui fussent encore survenues dans le Nord de l'Angleterre. Cette explosion aurait pu être occasionnée par une lampe à feu découverte, et il se trouvait précisément des lampes de ce genre sur le passage du courant; heureusement elles furent éteintes à temps. Ce qui précède est une preuve du danger qu'il y a de s'écarter du principe établi : que le courant d'air qui a servi à la ventilation des tailles où l'on fait usage de lampes de sûreté, ne doit jamais être envoyé dans d'autres parties de la mine où l'éclairage a lieu à feu découvert.

M. Gilroy, inspecteur pour M. W.-H. Branker et Ce., propriétaires des houillères d'Orrell et de Bispham, à Wigan dans le Lancashire, a eu occasion d'observer, dans la première de ces houillères, plusieurs fortes éruptions de grisou. Ce qui suit est particulier à une de ces éruptions survenue vers la fin de l'année 1849, dans la couche Cannel, exploitée à 275 mètres de profondeur. Au commencement de l'exploitation de cette couche, deux galeries en ferme, séparées l'une de l'autre par un massif de charbon de 5 mètres, se trouvaient à 73 mètres du puits, et trois mètres cubes d'air passaient par ces galeries en une seconde. Tout-à-coup, une masse de charbon et de roche, du poids de deux tonnes environ, se détacha à l'extrémité de ces galeries, dans une communication que l'on perçait entre elles, et qui avait déjà $1^m,80$ de longueur; aussitôt il sortit par une crevasse du terrain, une quantité de grisou assez grande pour former en douze minutes 1,155 mètres cubes environ, de mélange explosif; ce qui correspond à un dégagement de 110 à 140 mètres cubes. Après ce temps, le dégagement fut moins intense; cependant le front de travail resta inabordable, même avec la lampe de Davy, pendant huit jours. Le foyer d'aérage était établi, à 274 mètres, dans une couche supérieure à celle dite Cannel et il communiquait avec le puits d'appel par une galerie de plusieurs mètres de longueur.

La lampe de Davy est régulièrement employée dans la houillère Orrell et j'ajouterai que cette houillère est l'une des mieux conduites du bassin, sous tous les rapports.

J'ai observé moi-même plusieurs particularités relatives à des éruptions de grisou, moins importantes que celles dont il vient d'être parlé; mais celles-ci prouvent suffisamment, combien de tels accidents sont redoutables; de plus, elles démontrent l'impérieuse nécessité d'une bonne ventilation, avec l'emploi exclusif de lampes de sûreté, dans les mines exposées au dégagement de grisou (1).

(1) Des éruptions de gaz aussi violentes sont rares et même presque inconnues dans nos mines. Toutefois on y rencontre très-souvent des soufflards assez puissants et qui persistent quelquefois pendant plusieurs années. Les mines à grisou, du Couchant de Mons, en offrent, encore aujourd'hui, de nombreux exemples. *(Note des trad.)*

Les foyers sont employés presqu'exclusivement pour déterminer la ventilation, dans les mines du bassin de Newcastle, ainsi que dans beaucoup d'autres. Ces foyers sont simples, s'établissent avec facilité, et donnent de forts bons résultats; ils présentent en outre cet avantage, qu'après leur extinction, le puits d'appel possède encore un pouvoir de ventilation considérable, pendant plusieurs jours.

Quelques ingénieurs font usage de foyers avec une voûte très-élevée au-dessus du feu ; d'autres les préfèrent avec une voûte peu élevée. J'ai trouvé que ce dernier genre de foyers et un feu modéré produisent le plus grand effet utile.

Dans les mines très-infectées de grisou, il est dangereux de faire passer sur le foyer les courants en retour ; afin d'éviter cet inconvénient, ceux-ci sont conduits au puits par des voies établies de manière à prévenir le contact des courants explosifs, avec la flamme. Une bonne ventilation rend l'usage de ces voies inutile, sauf dans le cas d'une irruption subite de gaz.

Dans les mines dont il vient d'être question, le foyer doit être alimenté au moyen d'un filet d'air frais, pris directement au courant, à son arrivée dans les travaux.

Les foyers font circuler une grande quantité d'air dans les travaux, lorsque les courants sont judicieusement distribués et que les galeries sont établies à grande section (1).

Le professeur Phillips, dans le rapport dont j'ai déjà parlé, fait connaitre qu'à la houillère Hetton, l'une des plus étendues

(1) Ceci revient à dire que ce système ne peut pas servir avantageusement lorsque l'on a besoin d'une forte dépression pour faire circuler l'air dans les travaux, c'est-à-dire, lorsque les galeries sont trop étendues ou surtout lorsqu'elles n'offrent pas une section suffisante, comme c'est généralement le cas en Belgique où l'épaisseur moyenne des couches en exploitation, est déjà descendue, aujourd'hui, à cinquante centimètres. (*Note des trad.*)

du Nord de l'Angleterre et que dirige habilement M. Nicholas Wood, Esq., il passe dans les travaux 81 mètres cubes d'air par seconde, au moyen de trois foyers, établis à 275 mètres de profondeur, dans un puits de 4m,27 de diamètre (1).

Ce volume d'air sert à la ventilation de onze chantiers ou groupes de tailles. Le courant particulier qui passe dans chaque groupe parcourt 7,000 mètres environ.

A la houillère Naswell, une des plus étendues du comté de Durham, 44m cubes d'air circulent dans les travaux par seconde; ce résultat est obtenu avec un foyer établi à plus de 275 mètres de profondeur. Le diamètre du puits servant à l'entrée de l'air dans les travaux est de 3m,80, tandis que celui du puits d'appel n'est que de 2m,60.

Je ferai observer ici, qu'il est d'usage dans beaucoup de houillères, d'étouffer le feu, pendant la nuit, avec du menu charbon, afin de diminuer la dépense; dans ce cas, le foyer est activé le matin, peu de temps avant, ou même lorsque les ouvriers descendent dans les travaux. Il en résulte que la ventilation n'acquiert toute sa puissance que quand le travail est déjà commencé depuis un certain temps.

Cette méthode est très-blâmable et son application dans les mines à grisou est fort dangereuse, car là une ventilation régulière doit être maintenue nuit et jour.

Pour différents détails sur la ventilation au moyen des foyers, on peut consulter le rapport qui contient les déclarations faites, en 1849, au comité de la chambre des Lords, par quelques inspecteurs des mines.

L'usage de la vapeur à haute pression, pour la ventilation, a

(1) Sans vouloir contester ces chiffres, nous dirons qu'il eût été extrêmement curieux de mettre en regard, ceux indiquant la consommation de charbon nécessaire pour obtenir de tels résultats. (*Note des trad.*)

été récemment introduit dans nos houillères. M. Goldsworthy Gurney est l'inventeur de ce système.

Lorsque les jets de vapeur viennent à cesser, il en résulte dans la ventilation un ralentissement beaucoup plus prononcé que lorsque le foyer s'éteint; le puits d'appel étant moins échauffé.

Dans les mines à grisou, où l'air est parfois explosif dans les galeries qui le ramènent au puits d'appel, les jets de vapeur peuvent être employés avec avantage; il n'est pas nécessaire alors, de séparer les courants explosifs de ceux qui ne le sont pas; tous peuvent être conduits au puits d'appel par la même voie.

Un grand avantage de l'emploi de la vapeur à haute pression pour la ventilation, consiste dans la facilité avec laquelle la circulation de l'air peut être augmentée, en cas de besoin.

Si la vapeur est appliquée au fond du puits, elle doit être suréchauffée; autrement, l'effet utile serait considérablement diminué par la condensation.

Lorsque la vapeur n'est lancée qu'à une petite profondeur, l'effet qu'elle produit est beaucoup plus faible que dans le premier cas.

La houillère Seaton Delaval, dans le bassin de Newcastle, dirigée par M. E. Forster, ingénieur très-expérimenté, est ventilée par la vapeur à haute pression, suréchauffée par les foyers des chaudières.

Un volume d'air de 40^{m} cubes par seconde, circule dans les travaux, le puits d'appel a 2^{m},44 de diamètre et 183^{m} de profondeur. La vapeur est dégagée au fond du puits à la pression de 2 k. 34 par centimètre carré, par vingt-cinq orifices ayant chacun 9$^{\text{millim.}}$ 1/2 de diamètre.

Avant l'adoption de ce mode de ventilation, à la houillère Seaton Delaval, on se servait de deux foyers ayant chacun une surface de chauffe de $4^m,65$ carrés ; le volume d'air extrait, n'était que de 25^m cubes par seconde et ce volume remontait par deux puits, dont l'un avait $2^m,75$ et l'autre $2^m,44$ de diamètre.

Les résultats de la ventilation par la vapeur à haute pression, sont, aujourd'hui, consacrés par une expérience de plus de deux ans et M. Forster trouve ce système, non-seulement plus puissant, mais encore plus économique que celui des foyers précédemment employés à la houillère Seaton Delaval.

Pour plus de détails sur la ventilation, par la vapeur à haute pression, on peut consulter le rapport présenté à la chambre des Lords, en 1849, où se trouvent consignées les déclarations de MM. Gurney, Forster, Wood, Taylor et Elliot (1).

(1) Depuis que l'on a vu produire, dans les locomotives, un tirage actif à l'aide d'un jet de vapeur, on a souvent proposé ce moyen pour l'aérage des mines. En Belgique plusieurs tentatives ont déjà été faites dans cette voie, mais avec peu de succès. On a d'abord lancé dans la cheminée surmontant le puits d'appel la vapeur qui avait fonctionné dans les machines d'extraction, etc. Non-seulement l'effet ainsi obtenu est intermittent, mais il est très-faible, comme cela a été plusieurs fois constaté par des expériences directes. D'ailleurs l'étendue actuelle de nos travaux d'exploitation et la connaissance que l'on a d'appareils de ventilation simples, puissants et économiques ne permettent plus l'usage exclusif d'un semblable procédé.

Dans des expériences faites il y a quelques années par M. Gonot au charbonnage de l'Agrappe et par MM. Glepin et Mehu au charbonnage du Grand-Hornu, on a envoyé de la vapeur, à diverses pressions, de la surface à une profondeur plus ou moins grande dans le puits d'appel, et on l'a lancée dans ce puits soit en un seul jet, soit en plusieurs. Dans l'un et l'autre cas, l'effet utile produit a été très-faible, et de plus la vapeur non-condensée qui sortait à l'orifice du puits d'appel, rendait ce puits presque inapplicable à tout autre usage qu'à l'aspiration de l'air. Les petites machines à haute pression sans condensation, d'une dixaine de chevaux de force, que l'on a établies dans quelques-uns des charbonnages du Centre, pour le traînage du charbon, servent en même temps à l'aérage des travaux. A cet effet, les produits gazeux du foyer et la vapeur qui sort du cylindre sont conduits à la surface, par le puits d'appel. Ce moyen est économique, mais sa puissance est aussi très-faible. (*Note des trad.*)

Les chutes d'eau sont quelquefois employées accidentellement, comme moyen de ventilation. Dans ce cas, l'aérage n'a plus lieu par aspiration, mais bien par compression. L'aérage par compression, quel que soit le moyen employé pour le produire, offre toujours l'inconvénient de permettre aux gaz délétères de s'accumuler dans les remblais et les fissures du terrain.

Les ventilateurs sont peu recommandables pour produire un aérage continu; les dérangements qui peuvent affecter ces appareils ayant pour conséquence un arrêt momentané dans la ventilation (1).

(1) Il y a quelques années on tenait le même langage en Belgique, mais aujourd'hui que les faits ont parlé, les ventilateurs ont raison. La crainte des dérangements qui peuvent survenir à ces appareils est peu fondée, car on en a vu bon nombre, en Belgique, fonctionner plusieurs années sans la moindre réparation. Du reste, en cas de rupture ou d'autres dérangements, il est toujours facile de prévenir le retour du courant d'air et de faire sortir les ouvriers des travaux sans danger.

De plus, pour les mines à grisou, où le ralentissement et surtout l'arrêt d'un ventilateur peuvent occasionner les plus graves accidents, on devrait veiller à ce que tous les ventilateurs employés sur ces mines soient munis d'appareils d'alarme d'une grande puissance pour indiquer au loin tout ralentissement ou tout arrêt imprévu. Cent dispositions, toutes parfaitement sûres et peu coûteuses, peuvent conduire à ce résultat.

On exige que chaque chaudière à vapeur soit munie de plusieurs appareils d'alarme pour prévenir du danger qu'elle peut présenter par manque d'eau, par excès de pression, etc. Et il arrive souvent qu'il n'y a d'exposé, que l'ouvrier même commis à la surveillance et à l'entretien de cette chaudière. Pourquoi serait-on plus tolérant lorsqu'il s'agit de prévenir des accidents, qui peuvent chacun coûter la vie, à plusieurs centaines d'ouvriers ?

Dans un grand nombre de mines de houille de l'Angleterre les puits et les galeries livrant passage à l'air ont des sections telles que l'on peut y faire passer, économiquement, de très-grands volumes d'air à l'aide des foyers. Dans ce cas une dépression de quelques millimètres d'eau suffit pour déterminer une ventilation assez active; mais dans toutes les mines où l'on a besoin d'une dépression de cinq centimètres d'eau et au-dessus, pour faire passer un volume convenable d'air dans les travaux, les appareils mécaniques sont indispensables. *(Note des trad.)*

Quels que soient les moyens employés pour obtenir l'aérage, ils doivent pouvoir produire des effets beaucoup plus considérables que ceux dont on a besoin habituellement, de manière que dans certaines circonstances, on puisse activer la ventilation dans tous les chantiers de la mine ou seulement dans quelques-uns. La quantité d'air nécessaire pour la ventilation d'une mine, dépend principalement de la quantité de gaz qui s'y dégage et de l'étendue des travaux, de l'épaisseur de la couche et du nombre d'ouvriers employés.

M. Phillips affirme que, dans les couches les plus infectées de grisou, des bassins du Nord, d'une puissance variable de $1^m,22$ à $1^m,83$, un volume d'air de près de $0^{m. cub.}284$ par seconde et par ouvrier, circule dans les travaux, ce qui correspond approximativement à $0^{m. cub.}094$ par seconde et par acre (4050 mèt. car.) de développement de travaux.

M. J.-K. Blackwel, Esq., dans un ouvrage sur la ventilation des Mines, dit que l'on doit faire passer dans les travaux une quantité d'air variant de $0^{m. cub.}118$ à $0^{m. cub.}236$ par seconde et par ouvrier, suivant l'étendue des travaux et la quantité de gaz qui s'y dégage.

Dans les houillères, sous ma direction, j'ai trouvé que ces chiffres pouvaient varier de $0^{m. cub.}047$ à $0^{m. cub.}236$.

L'augmentation de la quantité d'air à envoyer dans les travaux, au fur et à mesure de leur accroissement d'étendue, doit se faire d'après des jaugeages directs et rigoureux.

Une mine avec une faible circulation d'air, judicieusement distribuée, peut être mieux aérée qu'une autre dont la ventilation serait puissante, mais mal appliquée.

La mine faiblement aérée sera cependant plus sujette aux explosions, que peuvent occasionner les gaz qui se dégagent des remblais, lorsqu'il y a abaissement dans la pression atmosphérique, car on sait que ces gaz peuvent rendre l'air de la mine détonnant, lorsqu'ils s'y mêlent dans une proportion plus forte que 1/16.

Les travaux d'une mine peuvent être regardés comme bien aérés et présentant toute sécurité lorsque, la journée étant terminée, on n'y remarque aucune trace de grisou. Ce résultat ne doit pas, cependant, donner une entière confiance, et un examen minutieux est nécessaire, le lendemain matin, avant la descente des ouvriers. Un changement dans la pression de l'atmosphère, peut avoir eu lieu pendant la nuit et avoir occasionné un dégagement de gaz des remblais; alors, certaines parties de la mine qui, la veille, ne montraient aucune trace de grisou, pourraient ne pas être sans danger.

Il est possible que quelques-unes des explosions survenues dans les mines les mieux aérées, au moment où les ouvriers se rendaient à leur travail, le matin, ont été précédées par un changement dans la pression de l'atmosphère. Dans ces cas, si les directeurs des travaux avaient observé l'état du baromètre, de graves accidents auraient été évités.

C'est dans les mines mal aérées que l'état atmosphérique de l'air doit être le plus soigneusement observé; mais cette précaution ne doit cependant pas, sous quelque prétexte que ce soit, être négligée, dans celles où il existe une bonne ventilation.

Le courant d'air entre parfois dans les travaux, ou il en sort par des conduits en bois. Ce moyen ne doit jamais être employé pour une ventilation permanente, car la quantité d'air qu'il permet de faire circuler dans une mine, est très-limitée. De plus, ces conduits pouvant être facilement détruits, la ventilation est souvent interrompue. Lorsque l'on a la santé et la vie des ouvriers à cœur, l'on doit, sans hésiter, proscrire de semblables procédés.

Les mêmes objections s'appliquent aussi aux cloisons en bois, en pierres, ou en briques, que l'on emploie quelquefois, pour faire circuler, dans un seul puits, les courants descendants et ascendants.

Lorsqu'une couche est exploitée par deux puits rapprochés, on doit laisser entre eux un massif de terrain, suffisamment fort, pour résister au choc d'une explosion; les puits doivent en outre avoir l'un et l'autre, leurs parois revêtues de bois ou de briques placées à sec, ou au moyen de mortier hydraulique. Il sera fait plus spécialement usage des revêtements en briques pour les puits profonds, car ces puits devant servir longtemps et ayant un grand développement de parois, il en résulte souvent de graves accidents, si celles-ci sont mal établies.

Lorsqu'une puissante ventilation doit être obtenue au moyen de foyers, il est préférable d'employer un puits exclusivement à cet usage. La haute température nécessaire dans ce cas, détruit les cordes en chanvre et détériore plus ou moins les cordes métalliques servant à l'extraction.

Dans aucune circonstance les puits d'exhaure ne doivent servir de puits d'appel, si l'aérage est produit par des foyers, car l'humidité qui règne dans ces puits, refroidit le courant d'air et en diminue proportionnellement l'activité.

Si les puits d'appel et de descente sont établis à chaque extrémité de la concession, ou à une assez grande distance l'un de l'autre, il faut, dans la prévision d'une explosion qui détruirait les voies d'aérage, conduire directement un courant d'air frais, d'un puits à l'autre, au moyen d'une communication dans laquelle les ouvriers pourraient se réfugier au besoin.

Une telle disposition de puits n'est pas toujours praticable; les circonstances locales s'y opposent souvent.

Quelques personnes pensent que lorsque l'aérage est déterminé au moyen de foyers, le puits d'appel doit avoir une section plus grande que le puits de descente, afin de permettre à l'air échauffé de se dilater.

Une différence de température de 15° 5 centigr. entre les deux puits, a pour résultat d'augmenter le volume de l'air d'environ 1/16, et le surcroît de frottement qui en résulte dans le puits d'appel, n'exige qu'une très-petite portion de la puissance des foyers. Celle-ci est en majeure partie utilisée pour forcer l'air à passer dans les galeries souterraines, dont les dimensions sont beaucoup plus petites que celles des puits. J'ai trouvé qu'en réduisant la section du puits d'appel aux deux tiers de celle du puits de descente, et laissant le foyer et les galeries dans leur état primitif, la ventilation n'éprouvait aucune variation.

Lorsqu'un puits est employé exclusivement comme puits d'appel, on peut, dans de bonnes conditions et au moyen de foyers, donner à l'air sortant des travaux, une vitesse de 6^{m},10 à 9^{m},15 par seconde; mais si l'on fait remonter l'air par le puits d'extraction, la vitesse ne pourra dépasser 2^{m},45 à 3^{m},66 par seconde, sans que la chaleur ne détruise trop promptement les cordes et les guides (1).

Ces vitesses peuvent être augmentées par l'emploi de la vapeur à haute pression.

Lorsque les appareils d'extraction circulent dans le puits d'appel, la section doit être plus grande que dans le cas contraire, à moins que l'on ne fasse usage de la vapeur à haute pression. Les puits d'appel à grande section, sont pourtant toujours à recommander.

(1) Les foyers sont, comme on sait, extrêmement dispendieux lorsqu'il faut échauffer l'air au-dessus d'une certaine limite très-peu élevée. Ce ne peut donc être qu'en perdant de vue, ce côté essentiel de la question, qu'il est permis d'en recommander l'usage, pour produire des vitesses semblables à celles indiquées ci-dessus. (*Note des trad.*)

Les voies d'aérage doivent avoir, autant que possible, une section telle que les courants se meuvent lentement ; par là, on diminuera les frottements et l'on pourra, sans inconvénient, circuler dans les galeries de service.

Un homme circulant dans une mine, au pas ordinaire, peut tenir une chandelle allumée contre un courant d'air dont la vitesse n'excède pas 1^{m},83 par seconde ; si le courant se meut avec une rapidité plus grande, on pourra difficilement se servir de lampes à feu nu ; mais un tel inconvénient ne doit pas engager à diminuer l'aérage ; il est préférable, dans ce cas, d'abriter les lumières.

La section des voies principales d'aérage ne doit pas être réduite, dans les points où sont établis des croisements de voies ; toute autre contraction doit également être évitée, et aucun obstacle ne doit s'opposer à la libre circulation de l'air.

L'observation de ces prescriptions est plus difficile, dans les mines où les voies sont d'une faible section, car alors la descente du toit diminue encore cette section et la ventilation se trouve réduite d'une manière dangereuse.

J'ai eu souvent occasion de vérifier cette assertion, surtout, lorsqu'on laissait séjourner le charbon dans les galeries d'une faible ouverture.

Les crossings (croisements de voies) sont établis au moyen de fortes voutes en briques, ou ils sont percés dans le toit de la couche, lorsqu'il offre assez de résistance. On peut aussi les disposer comme l'a fait M. Heckells, inspecteur de la houillère Thornly, à Durham.

Lorsque les portes sont employées pour l'aérage, elles doivent être doubles et disposées de manière à ce qu'on ne puisse en ouvrir qu'une à la fois, elles doivent toujours se refermer d'elles-mêmes.

Les massifs entre les voies principales d'aérage sont, dans beaucoup de cas, d'une force insuffisante et ne séparent qu'imparfaitement le courant d'air frais de celui en retour ; un tel état de choses provient d'une économie mal entendue, qui a poussé à raccourcir de quelques mètres, les communications percées entre les dites voies. Ces communications doivent avoir des dimensions suffisantes, seulement, pour le passage des chariots et elles doivent se trouver à la plus grande distance possible l'une de l'autre. Lorsque les circonstances le permettent, elles doivent être remplies avec du menu charbon fortement tassé, après que l'on y a préalablement établi un serrement en briques placées au mortier. Si ces cloisons résistent au choc d'une explosion, l'aérage pourra être maintenu, jusqu'aux extrémités de la mine, et les hommes qui échapperont au coup de feu, auront la chance de pouvoir arriver au courant d'air frais et d'éviter l'asphyxie. La force des explosions est si considérable que l'on a vu une stoupare de 2m,75 de longueur, être insuffisante pour résister au choc; tout dépend de la direction que prend cette force et de l'étendue des travaux ouverts dans le voisinage du point où l'accident se produit. Les crossings, de même que les stoupares, doivent être construits assez solidement pour résister au choc des explosions et établis, autant que possible, dans les terrains fermes au-dessus de la couche.

Lorsque la ventilation a été interrompue par une explosion, il est plus facile de la rétablir en réparant les crossings renversés, qu'en replaçant les serrements qui auraient été détruits.

Puisse ce travail attirer l'attention des mineurs, sur les moyens de prévenir les explosions par une vigilance constante de leur part, ainsi que par une bonne discipline et une ventilation puissante, et je suis intimement convaincu que ces calamités ne seront plus connues que par l'histoire.

Il est nécessaire, dans le voisinage des anciens travaux, d'ouvrir des tailles d'exploration au fond desquelles sont pratiqués des trous de sonde. Ces tailles doivent être aérées par un courant séparé, ou au moins par un courant en retour n'ayant servi que pour un chantier peu étendu. On doit, en outre, n'y faire usage que de lampes de sûreté et donner les instructions nécessaires à ceux qui les emploient.

Quelques personnes négligent la ventilation dans les mines où l'on fait usage de lampes de sûreté ; l'inverse devrait au contraire avoir lieu, car l'emploi de ces lampes implique la présence d'un certain danger qu'un aérage bien conduit peut seul éloigner (1).

Le système de ventilation qui consiste à faire circuler l'air en un seul courant, dans tous les travaux d'une mine, a été pendant longtemps généralement employé dans le bassin de Newcastle et partiellement dans quelques autres bassins. Ce système est mauvais, comparé à celui de la ventilation par courants divisés. L'aérage des travaux les plus éloignés du puits dépend, dans le premier cas, des portes placées dans les voies principales, et ces portes, outre qu'elles présentent de grands obstacles à la circulation, occasionnent facilement des dérangements dans la ventilation. Les gaz dégagés des remblais, ainsi que des soufflards et des anciens travaux, à la suite de changements dans la pression atmosphérique, doivent circuler dans tous les travaux. Enfin, le moindre obstacle que rencontre le courant d'air affecte la ventilation de la mine entière.

Le meilleur système de ventilation est celui qui permet de

(1) M. Hedley aurait pu ajouter que cet emploi donne, dans ce cas, une fausse sécurité qui n'a que trop souvent provoqué de graves accidents.

(*Note des trad.*)

supprimer les portes dans les galeries de trainage ou de service, d'aérer chacune de ces galeries par un courant d'air séparé et de ramener les courants d'air viciés au puits d'appel, sans les forcer à passer par les voies dans lesquelles circulent les ouvriers. Ce système de ventilation peut être appliqué à toutes les méthodes d'exploitation, en divisant les couches en districts ou chantiers, dans chacun desquels on envoie un courant séparé, mesuré par un régulateur. Les ingénieurs du Bassin de Newcastle sont les premiers qui aient fait usage d'un aérage divisé ; plusieurs houillères bien dirigées du Lancashire et d'autres bassins, sont aussi aérées aujourd'hui d'après le même principe ; outre les avantages déjà signalés, il en résulte que chaque courant a une moindre distance à parcourir, et que sa vitesse est moins grande, en sorte qu'avec la même puissance d'appel, il passe une plus grande quantité d'air dans les travaux. Les grandes houillères de notre pays ne peuvent être bien aérées, que par le système de la ventilation divisée.

CHAPITRE IV.

EXPLOITATION PAR GALERIES ET PILIERS.

Bassin de Newcastle (1).

La méthode d'exploitation par galeries et piliers, telle qu'elle était pratiquée dans l'origine, est représentée Pl. 1re. Une aussi grande portion de la couche que les circonstances le permettent, est enlevée en une seule opération. L'exploitation se fait par galeries en laissant des piliers, dont la largeur est proportionnée à la profondeur de la couche au-dessous de la surface ; ces piliers ne sont pas repris ; cependant on a procédé pendant ces dernières années à l'exploitation de quelques-uns de ceux qui avaient été délaissés dans des couches situées à une profondeur

(1) M. Hedley n'ayant pas donné l'épaisseur moyenne des couches de houille auxquelles se rapportent les travaux qu'il indique, nous allons remplir cette lacune.

Dans la partie *Est* de la formation de Newcastle on rencontre, jusqu'à 500 mètres de profondeur, 11 couches ayant chacune plus de 35 centimètres de puissance, et une épaisseur totale de douze mètres en charbon; mais parmi ces couches, les cinq principales, dont l'épaisseur moyenne est de 1m,54, sont seules exploitées aujourd'hui.

L'épaisseur moyenne des 5 ou 6 couches principales travaillées dans le Yorkshire est de un mètre cinquante centimètres, en charbon. (*Note des trad.*)

moyenne. On exploite encore, aujourd'hui, les couches situées à peu de profondeur, par galeries et en abandonnant les piliers, lorsque les indemnités à payer pour dommages à la surface, sont plus élevées que la valeur du charbon laissé dans la mine.

De toutes les méthodes d'exploitation par galeries et piliers, en usage dans le bassin de Newcastle, la plus recommandable est celle qui consiste à partager la couche en districts ou chantiers, séparés l'un de l'autre par de larges piliers (*Pl.* 2), dans lesquels sont établies trois voies principales, de grandes dimensions. L'une de ces voies, celle du milieu, est employée pour le traînage et la circulation du courant d'air frais, les deux autres servent exclusivement pour le passage du courant d'air en retour. De chaque côté, et parallèlement à ces voies principales, on établit un champ d'exploitation ; l'enlèvement des piliers suit le travail des galeries, à la distance de trois ou quatre piliers.

Par cette méthode, une faible portion de la couche est laissée en piliers pendant un temps très-court ; le charbon est donc moins détérioré que dans le cas où les piliers sont plus larges et exploités longtemps après l'ouverture des galeries.

Les travaux d'un côté des voies principales, sont toujours en avance d'un pilier sur ceux de l'autre côté.

Les charbons provenant tant des galeries que des piliers, sont transportés aux voies principales par les galeries transversales dans lesquelles sont placées les portes PP.

Cette disposition des travaux est adoptée pour une couche ayant peu ou point d'inclinaison. La planche 3 montre la disposition à employer pour diviser en chantiers ou districts une couche ayant une certaine inclinaison.

Un groupe de galeries étant poussé jusqu'à une distance déterminée, l'enlèvement des piliers commence dans la partie la plus élevée du chantier.

Les galeries du chantier contigu sont travaillées en même temps.

On laisse de forts piliers entre chaque chantier pour supporter la pression du toit lorsque l'on enlève les piliers.

Ce système permet, comme le précédent, d'exploiter les piliers après un temps très-court.

Si le mode de ventilation décrit Pl. 3, partie 3, est adopté, quelques préparations sont nécessaires avant de commencer le travail d'un chantier; les voies supérieures et inférieures doivent être d'abord ouvertes, et une communication doit être établie entre elles à la limite de chaque groupe. Cette communication comprend une couple de galeries, entre lesquelles se trouve le petit massif qui sépare deux chantiers.

Les charbons sont transportés par un plan incliné.

Si le front de taille est perpendiculaire à l'inclinaison de la couche, la galerie du milieu ou celle qui en est le plus rapprochée peut être employée comme plan incliné (planche 3, partie 3 et 4). Si au contraire le front de taille est incliné sur la direction, le plan incliné sera établi dans la voie montante inférieure (planche 3, partie 1 et 2). Lorsque deux groupes sont aérés par un seul courant d'air, les charbons provenant de l'un de ces groupes n'ont pas de portes à traverser.

Les couches ayant un bon toit peuvent être exploitées au moyen de galeries de 3^{m},60 à 4^{m},50 de largeur; les dimensions des piliers doivent être proportionnées à la profondeur de la couche au-dessous de la surface.

Un bon toit et un mur peu résistant exigent de larges piliers pour prévenir la poussée ou le boursouflement du mur, lequel est occasionné par la pression exercée sur des piliers trop faibles.

Les ouvriers mineurs de Newcastle désignent cet accident sous le nom de *Creep*.

Le dégagement des gaz contenus dans les roches situées audessous de la couche est souvent la cause du boursouflement, lequel peut être évité jusqu'à un certain point en perçant dans le mur des ouvertures pour faciliter la sortie de ces gaz.

L'exploitation par chantiers d'une couche ayant un toit et un mur peu résistants présente de grands avantages. Une surface très-limitée de la couche est ouverte à la fois et pendant un temps très-court; par conséquent les galeries résistent mieux aux pressions du terrain et il faut moins de bois pour les soutenir. De plus les piliers sont moins endommagés.

Dans quelques couches les piliers rendent seulement 30 à 40 °/₀ soit 1/3 de grosse houille, tandis qu'ils auraient pu en donner 70 °/₀ soit 3/4 environ s'ils avaient été enlevés d'une manière plus expéditive.

En exploitant avec de larges galeries, il est nécessaire de faire attention à la nature des roches qui se trouvent au-dessus de la couche. Quelquefois au-dessus d'un toit fort mince se trouvent des schistes tendres; un tel terrain se comporte bien pendant le travail des galeries; mais lorsque l'on procède à l'enlèvement des piliers et qu'il survient une certaine pression, le toit s'éboule facilement et obstrue les galeries à une petite distance de la face des piliers en exploitation. Dans ce cas et lorsque la poussée du mur a également contribué à obstruer les galeries, les piliers ne peuvent être enlevés qu'après avoir été divisés, ce qui occasionne une grande perte de charbon.

Lorsqu'il est nécessaire de diviser un pilier pour l'enlever, il est quelquefois préférable de l'attaquer de côté. On ne s'occupe généralement pas assez de proportionner la force des piliers à la profondeur de la couche au-dessous de la surface, et cette inattention a pour conséquence l'écrasement des piliers, un rendement moins considérable en gros charbon, et enfin une dépense plus grande de boisage et de main-d'œuvre pour entretenir les voies en bon état.

La mise en exploitation d'une mine, trop peu de temps après que les puits ont été creusés, porte souvent à ne laisser que des piliers trop faibles, ce qui produit des effets semblables à ceux que je viens de décrire et rend l'exploitation infructueuse et peu sûre. Ces mauvais résultats proviennent aussi très-souvent du désir que l'on a de satisfaire les propriétaires, en extrayant de grandes quantité de charbon, avant qu'il soit prudent de le faire.

CHAPITRE V.

Aérage des travaux disposés par galeries et piliers.

La ventilation des travaux pour une couche située à une faible profondeur est indiquée dans la planche 1re. Le courant d'air suit la marche indiquée par les flèches tracées sur cette planche.

Lorsque la couche est exempte de grisou, il n'est pas toujours nécessaire de faire passer le courant ventilateur par le front des galeries en exploitation.

La planche 2 représente un système de ventilation adopté dans le bassin de Newcastle lorsque la couche est divisée en districts ou chantiers. La voie principale percée entre deux chantiers, sert en même temps au trainage et au passage de l'air frais; les deux voies longeant celle-ci sont employées pour le retour de l'air. Il n'y a pas de porte dans les voies principales; chaque district reçoit son aérage de celle du milieu et cet aérage est régularisé par une vanne placée dans la voie de retour d'air.

Lorsque le courant ventilateur a aéré les voies principales, il est conduit aux fronts des galeries par de petites cloisons (*brattices*) en arrière desquelles sont placées des portes flottantes en toile, afin de ne pas entraver le passage des chariots.

Les fronts des piliers sont ensuite aérés pas le même courant qui passe en pressant sur les remblais. Enfin de là le courant se rend aux puits d'appel, sans passer dans aucune voie de service de la mine.

Les avantages de cette méthode sur celle qui consiste à faire circuler l'air dans les travaux sans le diviser, sont surtout appréciables dans le cas d'éruptions subites de gaz ou lorsque le grisou se dégage des remblais, par suite des changements atmosphériques. Les voies principales établies entre les chantiers peuvent être aérées séparément si l'état de la mine l'exige.

Lorsque les couches sont inclinées et exploitées par chantiers, on doit adopter la méthode de ventilation figurée planche 3. La voie du milieu et la galerie d'allongement supérieure servent au passage de l'air frais et des chariots; il n'y a aucune porte placée dans ces voies, lesquelles distribuent convenablement l'air à tous les chantiers, au moyen de vannes régulatrices placées dans les voies de retour d'air.

Dans la planche 3 (1 et 2) deux districts sont ventilés par un seul courant d'air; dans l'un de ces districts on procède à l'exploitation des piliers et dans l'autre à celle des galeries. Le courant passe d'abord par les piliers et va ensuite aux galeries. Cette méthode a l'inconvénient de renvoyer l'air vicié des tailles sur une partie des ouvriers et ne peut pas être comparée, en ce qui concerne la sécurité de la mine, aux méthodes indiquées par la planche 2 et par la partie 3 de la planche 3.

La planche 3, partie 3, montre deux chantiers qui ont une ventilation indépendante.

Les galeries servant à la sortie des courants d'air viciés partent de la partie supérieure de chaque chantier, point vers lequel a lieu l'écoulement (drainage) naturel des gaz (1).

(1) Contrairement à sa manière de faire habituelle, M. Hedley passe légère-

Le courant principal d'air frais passe par la galerie la plus rapprochée du chantier et il est conduit dans toutes les autres galeries au moyen de brattices. Dans l'exploitation des piliers, le courant ventilateur, après avoir aéré le front de taille, traverse une partie des remblais et emporte l'air vicié dans les voies de retour d'air. Ces dernières reçoivent facilement les gaz provenant des remblais par des ouvertures pratiquées à cet effet.

Les tailles préparatoires peuvent être aussi aérées par des courants séparés.

Si un muraillement était établi entre les remblais et le massif qui sépare deux chantiers, de manière à former une voie, par laquelle circulerait un courant d'air, il en résulterait de grands avantages pour la sécurité des ouvriers lors de l'exploitation de ce massif.

Dans la planche 3, partie 4, chaque chantier est ventilé par un courant séparé et les courants d'air viciés sont ramenés dans les galeries d'allongement inférieures par le moyen de crossings.

ment sur ce principe important, en vertu duquel on doit donner une marche constamment ascensionnelle, à tout courant chargé de gaz hydrogène carboné; mais aussi il n'a eu à s'occuper que de couches presque horizontales, comme elles le sont généralement dans la Grande-Bretagne ; et certainement il aurait appelé l'attention de ses lecteurs sur ce sujet, avec bien plus de force, s'il avait eu à traiter de l'exploitation de couches fortement inclinées ou presque verticales, comme celles que l'on rencontre souvent dans nos mines à grisou.

(*Note des trad.*)

CHAPITRE VI.

Exploitation par grandes tailles avec muraillements.

Le système d'exploitation par grandes tailles, avec muraillements, est généralement adopté dans le Derbyshire et dans quelques autres bassins du Midi de l'Angleterre. Pour qu'une couche puisse être exploitée économiquement par ce système, il faut que le toit se détache en gros fragments, propres à la construction des muraillements. Ceux-ci doivent être capables de supporter une forte pression, afin de maintenir dans les remblais les voies destinées au passage de l'air et au transport des charbons.

Dans les diverses houillères qui ont adopté les grandes tailles, la largeur des chantiers varie de 75 à 365 mètres, et la partie du front de taille occupée par chaque ouvrier n'a pas non plus, partout, la même largeur.

Il est d'usage dans quelques mines du Midi, de donner à l'ouvrier une largeur de taille plus grande que celle qu'il peut abattre pendant une journée en faisant un havage ordinaire. Dans ce cas, le charbon abattu chaque jour n'est transporté que le lendemain, pendant que l'ouvrier travaille dans l'autre portion du front de sa taille. Par cette méthode une partie du chantier est toujours inoccupée, ce qui est un inconvénient, surtout dans les couches minces d'où l'on veut extraire de grandes quantités de charbons; il faut alors ne donner à chaque ouvrier que la largeur de taille nécessaire pour son travail journalier, afin d'éviter qu'une trop grande partie de la mine soit en exploitation à la fois (1).

La largeur de la place occupée par chaque ouvrier et le nombre d'ouvriers qui travaillent dans un même chantier déterminent le nombre de voies à établir dans les remblais, pour le service de chaque district.

D'après la planche 4, chaque ouvrier a 6^{m},40 de front à travailler, et 4 ouvriers expédient leur charbon par la même voie. Les voies sont distantes l'une de l'autre de 25^{m},60.

Les muraillements, destinés à maintenir les voies à travers les remblais doivent être exécutés soigneusement et établis assez solidement pour ne pas s'ébouler dans les voies lorsque le toit vient à presser sur eux.

Ces précautions ne peuvent pas être négligées et ceux qui ont adopté le système d'exploitation par grandes tailles, en

(1) La largeur moyenne des tailles s'est considérablement accrue, en Belgique, depuis quelques années. C'est au Couchant de Mons que le système d'exploitation par grandes tailles a été pratiqué en premier lieu. L'économie de boisage, d'entretien de voies et de frais généraux de toutes espèces qu'il procure est incontestable.

Quant à la diminution de la largeur de la place occupée par chaque ouvrier à veine, il est clair qu'elle agit dans le même sens, et qu'elle a en outre l'avantage de fournir une plus grande quantité de gros charbon. Il n'y a que dans les cas où l'on ne recherche pas cette qualité de combustible, soit parce que l'on veut tout transformer en coke ou autrement, qu'il peut y avoir bénéfice à donner une grande largeur de taille à chaque ouvrier et à diminuer conséquemment son avancement journalier ; profitant alors davantage de la pression du terrain sur la houille, il pourra la détacher plus facilement.

(*Note des trad.*)

construisant les muraillements avec de mauvais matériaux, s'en sont fort mal trouvés.

La solidité des supports est extrêmement importante, non-seulement pour le maintien des voies dans les remblais, mais encore pour empêcher l'écrasement du charbon au front de taille; avec un toit convenable et un bon aménagement des travaux, ces inconvénients ne sont pas à craindre.

Lorsque les ouvriers à veine ont quitté le chantier, ceux qui sont chargés des muraillements commencent leur travail, ils allongent les muraillements principaux d'une quantité égale à l'avancement fait dans la couche, réparent ceux établis antérieurement, arrangent les passages le long du front des tailles et enfin exhaussent les voies à travers les remblais, soit en enlevant du mur, soit en abattant du toit lorsque la pression de celui-ci a diminué la section de ces voies.

Les murailleurs (Packing men) expérimentés savent construire des supports assez forts pour résister à la pression du toit.

Les muraillements ou piliers sont généralement établis à prix fait, soit par yard cubique, soit par yard courant, soit enfin d'après la quantité de charbon fourni par la taille.

L'entretien des voies et le placement des bois d'étançonnage sont compris dans la besogne des murailleurs.

Les prix pour murailler, etc., varient suivant les localités et les circonstances de 30 à 60 centimes (3 à 6 pences) par tonne de charbon (1016 kilog.)

Les quelques dépenses extraordinaires qu'entraine la méthode d'exploitation par grandes tailles, sont plus que compensées par la grande quantité de gros charbon obtenue.

Lorsque le prix du transport du charbon par hommes, et la dépense que nécessite l'entretien de la série de voies aboutis-

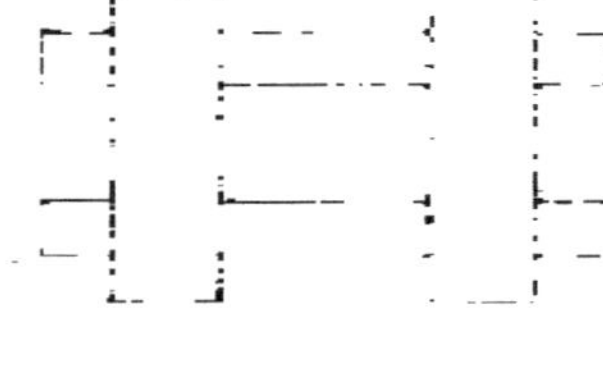

PLAN

ÉLÉVATION

sant au front de taille sont trop élevés, on peut obvier à cet inconvénient en établissant une voie transversale (*cross-gate*), qui réunisse toutes les galeries dont il vient d'être question. (*Pl. 4*). Le charbon peut, alors, être envoyé par le *cross-gate* à une galerie principale qui sera une voie à chevaux ou un plan incliné. Toutes les autres voies entre deux *cross-gates* peuvent être supprimées, excepté celles limitant latéralement chaque chantier, lesquelles doivent être conservées pour l'aérage. Le toit, le long du front de taille, demande à être étançonné avec de forts supports en fonte ou en bois. Ces derniers sont formés, comme l'indique la figure ci-contre, au moyen de pièces de 60 à 70 centimètres de longueur. Ils doivent être établis sur du menu charbon ou sur d'autres matériaux analogues, afin de faciliter leur déplacement lorsqu'une grande pression est exercée sur eux.

Dans l'espace compris entre les muraillements principaux, le toit est quelquefois soutenu par d'autres muraillements parallèles aux premiers, d'une épaisseur de 90 cent. et distants l'un de l'autre de $4^m,50$ à $6^m,40$. Cette manière de faire n'est pas recommandable, car elle empêche le toit de descendre librement et occasionne la formation de grandes cavités, dans lesquelles peut s'accumuler le grisou et d'où il est sujet à s'échapper, pour se répandre dans la taille, par suite des changements atmosphériques ou par la chute du toit.

Le toit, dans l'espace compris entre les muraillements, doit s'ébouler librement et de manière à laisser le moins de vides possible.

Les muraillements intermédiaires seront remplacés avantageusement par des piliers carrés de 60 à 90 centim. de côté, établis immédiatement derrière les supports en fonte ou en bois. Ces piliers empêcheront la pression du toit de s'exercer d'une manière aussi sensible sur les étais et sur le charbon au front de la taille.

Lorsque les circonstances le permettent, les piliers doivent être construits avec les matériaux provenant de ceux établis en en arrière, contre les remblais ; par la démolition de ces derniers, on évite les inconvénients signalés ci-dessus, quant à la chute du toit. Il faut aussi établir ces piliers sur du menu charbon, comme il a été dit plus avant.

En travaillant certaines couches par grandes tailles parallèlement au clivage, le charbon se détache en fragments longs, car dans ce cas la pression sépare la houille dans le sens du clivage. Les fragments ainsi obtenus n'ont pas belle apparence, ne se vendent pas aussi cher et ne supportent pas aussi bien le transport que les blocs cubiques. De telles couches doivent être travaillées perpendiculairement au clivage. On peut cependant, lorsque le front de taille est à angle droit avec le clivage, pratiquer dans le charbon une rainure de $4^{m},50$ à $6^{m},40$ de longueur. L'ouvrier placé dans cette rainure exécute alors l'abattage perpendiculairement au front de taille, ce qui est un mode de travail analogue à celui figuré planche 14, 15 et 16, excepté que dans le premier cas, l'arrachement du charbon a lieu en s'éloignant du puits, tandis que c'est l'inverse dans le second.

L'exploitation par grandes tailles facilite l'abattage du charbon ; en effet, lorsque le havage est terminé la pression exercée sur le front de taille détache le charbon de son lit, sans qu'il soit nécessaire de faire usage de la poudre ni même, souvent, des coins.

Si la houille se sépare facilement du toit, on doit employer de courts supports pour la maintenir pendant l'opération du havage ; ces supports peuvent être remplacés par de petits piliers de charbon (*Tacks*) qui ont également pour but de maintenir en place, le reste de la masse aussi longtemps que dure le havage.

La grande simplicité du système d'exploitation par grandes tailles et les facilités qu'il donne pour l'aérage, comparativement aux autres modes, le rendent très-recommandable, et j'ai la conviction que, lorsque les détails des travaux de ce système seront mieux soignés, son adoption deviendra générale, partout où les circonstances le permettent.

CHAPITRE VII.

Ventilation des grandes tailles avec muraillements.

Les couches exploitées par grandes tailles sont généralement aérées par un seul courant circulant à travers tous les travaux de la mine ; cependant, ce système n'a plus, ainsi que je l'ai déjà dit, aucun partisan parmi les ingénieurs intelligents de notre époque.

La planche 4 indique un mode d'aérage avec division du courant. Chaque chantier est ventilé par un courant d'air frais séparé, lequel longe le front de taille et retourne au puits d'appel sans passer dans aucune voie de roulage. Seulement il parcourt, sur une petite distance, les galeries établies dans les remblais.

La voie principale du milieu (*Pl. 4*), sert en même temps au traînage et au passage du courant d'air frais.

Le courant qui alimente chaque chantier est réglé par une vanne placée, soit auprès du puits où l'air quitte le chantier pour entrer dans la voie de retour, soit dans toute autre position jugée plus convenable.

Au moyen de ce système aucune porte d'aérage ne doit être placée dans les voies principales de la mine.

Le côté gauche de la planche 4 indique le mode d'aérage de

deux chantiers travaillés simultanément. Trois voies établies dans les remblais conduisent l'air aux fronts des tailles, en quantités réglées par deux vannes régulatrices. Les stoupures (*S*) placées dans l'une des trois galeries horizontales inférieures, laissent passer l'air nécessaire pour ventiler les autres galeries.

Pour chaque chantier, deux voies donnent passage au courant d'air en retour, elles doivent être maintenues avec des dimensions suffisantes. Deux toiles doivent être établies dans chaque *cross-gate* pour envoyer l'air au front de taille ; la pression du toit et la poussée du mur empêchent l'emploi de portes ordinaires dans ces galeries. La galerie de retour d'air du chantier méridional traverse la voie principale amenant l'air frais, au moyen du *crossing A*, lequel sert en même temps pour le chantier contigu.

Les dispositions précédentes s'appliquent à une exploitation dont les fronts des tailles sont de niveau. Dans le cas contraire, l'air frais doit entrer dans les tailles par la partie inférieure et en sortir par le haut, et le trainage doit se faire par les galeries qui amènent l'air frais.

Tous les chantiers dont l'exploitation est terminée doivent être reliés, à leur sommet, avec la voie de retour d'air, afin de faciliter l'échappement des gaz (1).

Le grisou s'accumule plus facilement en arrière du front de taille dans les couches horizontales que dans celles qui ont une certaine inclinaison, car dans ces dernières, le gaz s'échappe naturellement des remblais et est emporté par le courant d'air qui circule dans la taille.

(1) On reconnaît par l'inspection des planches que l'on a suivi ce principe autant que possible dans toutes les dispositions de travaux indiquées.

(*Note des trad.*)

La ventilation des grandes tailles n'exige pas l'emploi de cloisons d'aérage (*brattices*) pour conduire les courants dans les fronts des tailles, comme on l'a vu dans le système par galeries et piliers. Dans les grandes tailles le courant d'air passe en masse sur les ouvriers à veine, ce qui est très-avantageux, particulièrement dans les couches situées à une grande profondeur, où il existe une haute température qui rend pénible tout travail exécuté en dehors des courants principaux.

CHAPITRE VIII.

Larges galeries. (Bassin du Yorkshire.)

Le système d'exploitation par larges galeries, est figuré planches 5, 6 et 7. Ce système est applicable, seulement aux couches qui ont un bon toit.

Il occasionne une perte de charbon tellement grande, qu'il ne peut convenir lorsque le droit de concession se paie d'après la surface exploitée, ainsi que cela a lieu pour plusieurs houillères. La couche est travaillée par chantier, dont la largeur varie de 45 à 90 mètres et au-dessus ; chaque chantier est composé d'une série de tailles ou galeries de $5^{m},45$ à $9^{m},15$ de largeur, séparées l'une de l'autre par des piliers de 91 centim. (1 *yard*) d'épaisseur, qui sont abandonnés dans la mine.

Une communication est faite à travers le chantier à des distances variant de 10 à 20 mètres, suivant la quantité de gaz à enlever. Cette communication (*cross-gate*) et ses ramifications conduisent au front de taille et sont destinées au transport du charbon ; elles doivent souvent être étançonnées avec des bois que l'on reprend, lorsqu'un nouveau *cross-gate* est formé.

Un pilier de 18 à 36 mètres de largeur est laissé entre deux chantiers et repris lorsque l'exploitation de ces chantiers est terminée. Les piliers ainsi laissés momentanément, sont presque toujours écrasés par la pression et ne donnent qu'une faible quantité de gros charbon.

La planche 5 représente l'une des méthodes d'exploitation par larges galeries. Une voie est établie de chaque côté du chantier et elle est séparée des remblais, par un pilier de $2^m,70$ à $3^m,80$ de largeur.

Ce pilier ne donne généralement que du menu charbon, lorsqu'il est repris. La planche 6 indique une autre manière d'établir les galeries dans le pilier à laisser entre deux chantiers; ici le pilier a une grande largeur, cependant il est écrasé par la pression comme dans l'autre cas.

Une seule galerie est quelquefois établie dans le pilier (Pl. 7) et celle-ci communique avec les chantiers par d'autres voies pratiquées de distance en distance.

Le système d'exploitation par larges galeries est, sous beaucoup de rapports, similaire avec celui dit par galeries et piliers minces de Newcastle, lequel peut être considéré comme tout-à-fait discrédité, excepté pour l'exploitation de quelques couches situées à peu de profondeur et dans des circonstances tout-à-fait spéciales.

Dans le Yorkshire on fait usage des larges galeries pour les couches dont la profondeur varie de 120 à 150 mètres; cependant on commence à les remplacer, assez généralement dans beaucoup de houillères, par un système qui se rapproche de celui dit par longues tailles.

CHAPITRE IX.

Ventilation des larges galeries.

Le système de ventilation en usage dans le Yorkshire, et qui consiste à faire circuler l'air en un seul courant, est appliqué à l'aérage des larges galeries.

L'air passe sur l'un des côtés du chantier par la galerie en ferme, se rend au front de taille par le *cross-gate* et descend sur l'autre côté du chantier par la seconde galerie en ferme. Tous les autres chantiers de la mine sont aérés de la même manière.

Pour l'exploitation des piliers, l'air pris à l'une des galeries en ferme, traverse le front de taille et descend par l'autre galerie. La direction des flèches (Pl. 5, 6, 7) indique la circulation du courant pour l'exploitation des chantiers et des piliers. Le courant d'air en retour doit, dans ce système, passer dans les voies de roulage et l'air vicié ou explosif est ainsi mis en contact avec les ouvriers. Une telle méthode d'exploitation est mauvaise, surtout pour les couches à grisou. Les piliers de charbon laissés dans les chantiers, soutiennent une grande surface du toit et occasionnent la formation de grandes cavités, où les gaz peuvent s'accumuler.

Dans un autre chapitre, en parlant des longues tailles du Yorkshire, je ferai connaître plus amplement le système de ventilation généralement adopté dans ce bassin et je donnerai une méthode pour obtenir un aérage divisé.

CHAPITRE X.

Longues tailles (bassin du Yorkshire.)

Le système d'exploitation par longues tailles (Pl. 8, 9, 10 et 11), tel qu'il est pratiqué dans le Yorkshire, est une modification de la méthode dite par larges galeries, spéciale à ce bassin. Les chantiers ont une largeur variable et sont séparés l'un de l'autre par des piliers d'une épaisseur de 18 mètres et au-dessus. Des voies sont établies dans les remblais, pour le transport du charbon et pour l'aérage. Le nombre des voies ouvertes dans chaque chantier dépend de la portion du front de taille attribuée à chaque ouvrier et de la largeur totale de la taille. On laisse, entre deux chantiers, un large massif de charbon qui est repris lorsque l'exploitation des chantiers est terminée. Le charbon provenant de ce massif est transporté par les voies établies latéralement aux tailles et qui ont servi pour l'enlèvement de leurs produits.

Le boisage et les piliers placés dans l'espace compris entre les muraillements principaux sont les mêmes que ceux qui ont été décrits précédemment, dans le chapitre relatif aux grandes tailles.

Les piliers de charbons laissés entre chaque chantier sont presque toujours écrasés par la pression; afin d'éviter cet inconvénient, quelques ingénieurs donnent aux piliers des épaisseurs considérables (Pl. 10 et 11). Le charbon contigu au remblai, est cependant encore plus ou moins écrasé.

La disposition généralement adoptée, dans ce cas, est indiquée dans la planche 10. Une galerie est établie dans le milieu du pilier et communique par différentes voies, avec les chantiers entre lesquels elle se trouve. Au moyen d'un fort muraillement, on établit entre les remblais et le massif une voie destinée au passage de l'air et au transport du charbon, depuis le front de la taille jusqu'à la galerie établie au milieu du massif.

Il y a dans chaque chantier, deux voies maintenues par des muraillements et chaque ouvrier doit travailler une largeur de front de taille considérable.

La planche 11 indique la même méthode d'exploitation, avec un arrangement différent des voies de roulage. Chaque ouvrier occupe dans ce cas une largeur de taille telle, qu'il puisse en abattre le charbon, sur sa journée, au moyen d'un seul havage. Trois voies muraillées sont établies dans les remblais, l'une au milieu du chantier et les deux autres sur les côtés. Des *cross-gates* sont formés de distance en distance, à travers le chantier, et les voies muraillées ne sont pas entretenues en bon état au-dessous du *crosse-gate* le plus récemment établi ; on leur laisse seulement une section suffisante pour obtenir l'aérage nécessaire, pour l'exploitation des massifs.

Le charbon de chaque taille est transporté par un des *cross-gates*, à celle des galeries principales amenant l'air frais.

Le charbon du pilier dans lequel est placée la galerie de retour d'air, est descendu sur la voie inférieure par la communication où sont placées les portes PP. Si les *cross-gates* des chantiers sont entretenus, ils servent pour le transport vers la galerie d'air frais, la plus rapprochée; alors les portes PP peuvent être supprimées et remplacées par des portes flottantes (SP, SP) établies dans la galerie située en face des *cross-gates*.

Lorsque le terrain, au-dessus de la couche, est résistant, le toit ne descend pas facilement dans les chantiers étroits qui viennent d'être décrits, il se forme des cavités dans lesquelles les gaz peuvent s'accumuler, et il y a plus de pression sur les massifs que dans le cas contraire. Un bon toit est cependant avantageux pour le travail par longues tailles, mais alors ces tailles doivent avoir une largeur plus grande que celle figurée dans les planches 8, 9, 10 et 11.

CHAPITRE XI.

Ventilation des longues tailles (bassin du Yorkshire).

Le système de ventilation généralement adopté dans le bassin du Yorkshire est représenté planche 8 et 9; un seul courant d'air circule dans tous les travaux de la mine. Par cette méthode il est impossible d'aérer sans danger une mine à grisou.

Le courant d'air est forcé de circuler dans les diverses parties des travaux, au moyen de portes placées dans les voies de roulage et quelle que soit la quantité de gaz qui se dégage de la couche ou des remblais, elle est emportée avec l'air dans les voies.

J'ai indiqué, sur les planches 9 et 11, une méthode pour diviser l'aérage.

Les travaux figurés planche 8 peuvent être aérés par des courants divisés, sans aucun changement notable, ainsi qu'il est indiqué planche 9. Par cette méthode l'une des galeries montantes principales, et la voie supérieure d'allongement, servent au passage de l'air frais. Des *crossings* sont établis aux points indiqués sur le plan pour faire passer les courants d'air, venant des chantiers, au-dessus des courants d'air frais. La manière dont l'air est distribué dans les chantiers est indiquée, sur le côté Sud-Est de la planche 9. Le courant suit la galerie d'allongement jusqu'au point S, où il se divise d'abord; plus loin, une nouvelle division a lieu et de là chaque branche du courant va aérer deux chantiers et deux piliers de chaque côté.

Le retour de l'air provenant des chantiers de gauche se fait par la galerie d'allongement inférieure, laquelle sert exclusivement à cet usage. La planche 11 fait voir un aérage divisé, pour des travaux disposés comme ceux de la planche 10. Il y a alors trois grandes galeries montantes, celle du milieu pour l'air frais et les deux autres pour le courant en retour. La galerie d'allongement supérieure sert également au passage de l'air frais et le distribue aux chantiers.

Une partie de l'air venant de la grande galerie montante suit la galerie d'allongement, se divise au point S et se subdivise encore, plus loin, pour la ventilation des chantiers de chaque côté du pilier.

Lorsque l'exploitation des chantiers est terminée et que l'on attaque les piliers, ceux-ci sont aérés de la même manière et l'on maintient à cet effet les voies muraillées limitant latéralement les chantiers.

Lorsque plusieurs chantiers sont exploités simultanément, l'air doit être distribué comme l'indique le côté Sud-Ouest de la planche 11.

Les vannes régulatrices R règlent les volumes des courants d'air admis dans chaque chantier.

Le courant qui a aéré le chantier du côté droit retourne directement, à l'une des grandes galeries montantes principales et celui qui a aéré le chantier gauche doit traverser la voie de niveau, au moyen du *crossing* c qui sert en même temps, pour le chantier méridional contigu et pour son pilier.

Les voies de retour d'air ne sont pas employées pour le traînage, et toutes les galeries qui ont cette dernière destination servent au passage de l'air frais.

Les travaux des planches 8 et 9 ne peuvent pas être aussi bien aérés que ceux des planches 10 et 11, puisque dans le premier cas, l'air qui a circulé dans les chantiers doit passer dans les voies de roulage sur une grande étendue.

Lorsque les couches ont une certaine inclinaison, l'exploitation des piliers est plus dangereuse que celle des chantiers.

Pendant le travail des chantiers les gaz se dégagent, petit à petit, à travers les muraillements et arrivent ainsi dans les voies et aux fronts des tailles d'où ils sont emportés par le courant d'air, tandis que pendant le travail des piliers, on est entouré de vieux travaux où les gaz s'accumulent souvent, quoiqu'ils soient en communication avec le retour d'air.

L'exploitation par longues tailles ne peut recevoir une aussi bonne ventilation que celle par grandes tailles (planche 4.) De plus elle fournit moins de gros charbon.

CHAPITRE XII.

Travail par galeries et grandes tailles.

Le mode d'exploitation par galeries et grandes tailles (planches 12 et 13) est en usage dans le Yorkshire et dans quelques bassins du Midi de l'Angleterre; il est adopté pour des couches ayant un toit peu résistant.

Dans cette méthode, on commence d'abord par établir un nombre quelconque de paires de galeries de 1^m,83 de largeur environ et distantes l'une de l'autre de 0^m,90 à 3^m,60; un massif de charbon de 18 à 27 mètres de largeur sépare chaque paire de galeries. Lorsque les galeries sont arrivées à une distance déterminée, on attaque ces massifs, sur un front de taille très-développé, en revenant vers le puits et en laissant les remblais en arrière, sans qu'il soit nécessaire d'établir des muraillements, comme pour les travaux par grandes tailles, où l'exploitation se fait en s'éloignant du puits.

La disposition généralement adoptée pour les galeries est représentée planche 12. Deux ouvriers travaillent, à la fois, à l'avancement de chaque galerie. La planche 13 montre une autre disposition, pour diviser la couche en chantiers ou districts. On établit une paire de galeries à l'extrémité latérale d'un district; ces galeries sont maintenues en bon état, par un fort pilier laissé entre elles et les remblais. Ces piliers sont enlevés après l'exploitation des dictricts contigus; mais comme ils doivent être laissés pendant quelques temps au milieu des remblais, si l'on veut obtenir une bonne ventilation, il s'ensuit que le charbon que l'on en retire a peu de valeur.

Des muraillements sont construits le long des piliers, afin d'établir une voie d'aérage entre eux et les remblais.

De grandes précautions et des dépenses considérables sont comme on le voit nécessaires, avant que l'on puisse produire une grande quantité de charbon.

Les remarques faites dans un des chapitres précédents sur l'utilité d'abattre le charbon en fragments cubiques, s'appliquent également au système d'exploitation décrit ici.

Quelques toits sont d'une nature tellement peu résistante qu'ils s'éboulent même dans les galeries, surtout si la couche a une grande épaisseur.

Dans ce cas quelques pouces de charbon laissés au toit peuvent, quelquefois, prévenir ces éboulements.

CHAPITRE XIII.

Ventilation des travaux par galeries et grandes tailles.

Les travaux disposés par galeries et grandes tailles sont généralement ventilés par un seul courant d'air. Le danger que présente cette méthode d'aérage a déjà été expliqué.

Dans les travaux figurés planche 13, l'aérage est divisé.

La couche est divisée en districts ou chantiers et chaque chantier reçoit son aérage au moyen d'une vanne régulatrice R. La distribution de cet aérage est figurée sur le côté Sud-Est du plan. Les portes PP placées dans l'une des galeries inférieures laissent passer le filet d'air nécessaire, pour l'aérage des autres galeries conduisant au front de taille. L'air, après avoir parcouru le front de taille, traverse en partie les remblais et se rend au puits d'appel sans passer par aucune des voies de roulage de la mine.

Les voies d'aérage établies entre les piliers et les remblais servent pour l'exploitation de ces piliers et facilitent l'échappement du gaz contenu dans les remblais.

Lorsque la couche n'est pas divisée en chantiers, c'est-à-dire lorsque les galeries et les massifs dont il vient d'être parlé n'existent pas, l'air après avoir longé le front de taille n'emporte plus les gaz en arrière, mais les rabat sur les ouvriers et les conduit dans les voies dont ils doivent faire usage.

Les voies d'aérage dans les systèmes qui nous occupent doivent être entretenues avec le plus grand soin, car la descente du toit peut en diminuer la section et réduire l'aérage de manière à compromettre la sécurité de la mine. J'ai souvent observé cet état de choses, dans les travaux aérés par un seul courant.

CHAPITRE XIV.

Travail par galeries dirigées parallèlement à la galerie principale.

Le système d'exploitation par galeries parallèles à la voie principale (planches 14, 15 et 16) est applicable aux couches ayant un toit peu résistant; les galeries ont $1^m,85$ environ de largeur et sont distantes l'une de l'autre de $0^m,90$ à $3^m,60$; un massif de 28^m sépare chaque paire de galeries, celles-ci sont poussées à une longueur déterminée et l'arrachement des massifs se fait en revenant, et avec les fronts de taille disposés parallèlement aux galeries.

Par cette méthode, les remblais se trouvent placés sur le côté des ouvriers. Le toit est soutenu par des supports établis dans la taille et déplacés au fur et à mesure de l'avancement.

La pression s'exerce sur l'extrémité et non sur le front de la taille, ce qui détruit moins la cohésion du charbon.

Par cette disposition on peut en outre obtenir plus aisément le charbon, en fragments cubiques.

Les massifs de la partie 1 (planche 15) doivent être exploités avant ceux de la partie 2, et il faut suivre la même marche pour les autres districts de la mine, afin d'obtenir une ventilation séparée pour chacun d'eux.

CHAPITRE XV.

Ventilation des galeries dirigées parallèlement à la voie principale.

Le mode de ventilation en usage dans ce cas, consiste à faire circuler un seul courant d'air dans les travaux ; cette méthode est aussi mauvaise pour le système d'exploitation dont il est ici question que pour tous les autres systèmes déjà décrits. Elle est représentée à la planche 14.

Les travaux de la planche 15 sont disposés comme ceux de la planche 14, seulement l'aérage y est divisé. L'une des voies principales sert au passage de l'air frais et l'autre au retour d'air. Chaque district reçoit un courant d'air séparé et l'air vicié arrive au puits d'appel sans passer dans aucune voie de roulage.

Dans les parties 1 et 2 (planche 15) l'air est conduit aux fronts des tailles, par deux paires de galeries et après les avoir parcourues en montant, il se divise en deux parties dont l'une se rend directement au puits d'appel, tandis que l'autre va ventiler les galeries en exécution.

La méthode employée pour aérer le district méridional (planche 15) permet de faire circuler un courant d'air frais particulier, dans les galeries en exécution. Aucune porte d'aérage ne doit être placée dans la voie principale montante.

Les deux premières paires de galeries au-dessus de la voie de niveau livrent passage au courant d'air frais et les autres sont fermées, la première par une porte P et la seconde par une stoupure S. Le courant après avoir parcouru le front de taille se rend à la voie de retour, en longeant la partie supérieure des remblais.

Une vanne R règle le volume du courant admis dans chaque district.

La planche 16 indique l'arrangement des travaux pour une couche horizontale ou faiblement inclinée. La voie principale du milieu sert au passage de l'air frais, lequel va de là dans les galeries de chaque côté. Une partie de l'air qui a circulé dans ces galeries, va ensuite assainir les travaux d'exploitation des massifs. L'autre partie, continuant à s'éloigner de la galerie principale, va aérer le travail en préparation de ces massifs. Ce système d'exploitation ne peut convenir pour une mine à grisou, car l'air qui a parcouru les tailles doit repasser par les voies où circulent les ouvriers.

Le mode indiqué par la partie sud de la planche 15 est préférable, dans le cas d'une mine à grisou.

La partie des travaux joignant les remblais n'est pas aussi facile à ventiler, dans le système dont il s'agit, que dans celui par galeries et grandes tailles, attendu que le front des tailles y est très-irrégulier, comme on le voit sur les planches 14, 15 et 16.

CHAPITRE XVI.

Remarques sur les lampes de sûreté.

On a beaucoup écrit dans ces dernières années, sur le peu de sécurité que présente la lampe de Davy; parce qu'elle peut laisser passer la flamme à travers la toile, quand elle est exposée à un courant d'air. Peu de temps après la découverte de sa lampe, l'illustre inventeur, sir Humphry Davy, a fait dans l'une des houillères du comté de Durham, dans des circonstances qui ne se rencontrent jamais dans la pratique, l'expérience suivante : Un courant de grisou, amené par une conduite dont l'orifice de sortie avait été contracté de manière à obtenir une forte pression, fut dirigé sur la lampe. Le gaz s'alluma dans cette lampe et au bout d'un temps très-court, le jet força la flamme à traverser la toile métallique.

Avant cette expérience, sir Humphry avait déjà fait connaître, qu'il ne fallait pas dans de telles circonstances, exposer la lampe à un courant explosif, pendant longtemps. Il annonçait que, quand la toile métallique se serait suffisamment échauffée, la flamme passerait facilement à travers.

Dans le but d'abriter la flamme contre les courants d'air, sir Humphry a recommandé de placer à chaque lampe un réflecteur qui présente en outre l'avantage de rendre la clarté plus vive. Ce réflecteur est généralement disposé de manière à entourer les deux tiers de la toile métallique, qu'il recouvre à peu près sur toute sa hauteur.

Si le grisou prend feu dans une lampe, lorsqu'elle est suspendue pendant le travail, elle ne doit pas être retirée brusquement de sa place, car un mouvement de cette nature pourrait occasionner le passage de la flamme au travers de la toile métallique. J'ai dû souvent rappeler aux ouvriers, qu'ils ne devaient pas négliger cette précaution.

Davy a aussi condamné l'usage des lampes présentant des ouvertures de plus grandes dimensions que celles de la toile métallique, car de telles lampes laissent facilement passer la flamme lorsque le gaz y fait explosion. Une expérience qu'il fit avec une lampe ayant une ouverture de $0^{m},0014$ pratiquée dans la bague près de l'extrémité inférieure de la toile métallique, laquelle avait 125 ouvertures par centimètre carré ou 11 1/5 fils par centimètre, lui prouva que la flamme sortait par cette ouverture, lorsque le gaz faisait explosion dans la lampe.

La toile métallique de la lampe de Davy doit avoir intérieurement $0^{m},15$ de hauteur et $0^{m},035$ à $0^{m},037$ de diamètre et 11 1/5 fils par centimètre, ou 125 ouvertures par centimètre carré (1).

La lampe de sûreté de Stephenson, comme elle est construite aujourd'hui, a une toile métallique de $0^{m},036$ de diamètre, qui entoure un cylindre en verre, et l'air y est introduit à l'extrémité inférieure de la toile métallique. Ce cylindre en verre a pour but de protéger la flamme contre les courants d'air, mais comme il est exposé à se briser fréquemment entre les mains des ouvriers, il peut arriver que les morceaux occasionnent des déchirures dans la toile métallique.

Cette lampe privée de l'enveloppe en verre ne diffère de la lampe de Davy que par la plus grande capacité intérieure de son enveloppe en toile métallique, ce qui permet à cette toile de s'échauffer beaucoup plus vite dans un atmosphère explosif.

La lampe de Clanny est caractérisée par un fort cylindre en

(1) On sait que par arrêté ministériel du dix juillet 1851, l'usage des lampes de Davy n'est plus permis dans les mines à grisou de la Belgique, qu'à la condition que ces lampes seront confectionnées avec des toiles de 225 mailles, au moins, au centimètre carré, le fil métallique ayant un quart de millimètre de diamètre, au minimum. (*Note des trad.*)

verre qui entoure la flamme, et qui est surmonté par un autre cylindre en toile métallique de 0^m,075 à 0^m,10 de hauteur.

Quelquefois le cylindre en verre est remplacé par une plaque sur la moitié de son pourtour. L'emploi des glaces pour préserver la lumière des lampes, donne lieu à des objections fondées, à cause de la facilité avec laquelle ces glaces peuvent être brisées; un tel accident, dans le cas de la lampe de Clanny, en rend l'usage extrêmement dangereux. Un éboulement du toit ou de la couche ainsi que le contact d'un corps dur peuvent rendre la lampe de Clanny, dangereuse; tandis que dans des circonstances semblables, celle de Davy ne présenterait probablement aucun inconvénient.

J'ai eu occasion d'observer plusieurs lampes de Davy qui avaient été écrasées par des éboulements; quoique les toiles métalliques eussent beaucoup souffert, elles n'avaient cependant pas été déchirées. La lampe de Clanny donne une lumière quatre fois plus intense que celle de Davy.

Différents systèmes de lampes de Davy modifiées, sont en usage en Angleterre, et sur le continent. Nous mentionnerons la lampe de Robert et Upton qui donne une lumière plus faible que celle de Davy et la lampe de Lemielle, employée sur le continent; cette lampe, d'une construction à peu près semblable à celle de Stephenson, en diffère par la capacité du cylindre en toile métallique qui est la même que pour la lampe de Davy.

On donne généralement la préférence à cette dernière; quant à moi je l'ai toujours trouvée sûre et d'un bon usage (1).

Il faut éviter l'emploi des lampes dont le réservoir porte

(1) Il est assez difficile de comprendre comment M. Hedley cite la lampe de M. Lemielle, sans parler de plusieurs autres plus sûres que celle-là, qui ont été proposées sur le continent et surtout de celle de M. Mueseler, maintenant très-répandue dans les mines de la Belgique. Ce fait ne prouve-t-il pas une fois de plus avec quelle excessive lenteur les idées se propagent encore aujourd'hui? (*Note des Trad.*)

intérieurement un tube qui sert à y introduire l'huile; car si la fermeture de ce tube venait à être déplacée et que le grisou prît feu dans la lampe, la flamme sortirait probablement par le réservoir. Toutes les lampes doivent être soigneusement examinées chaque jour; il est hors de doute que plusieurs explosions n'ont eu d'autres causes que l'emploi de lampes en mauvais état.

Dans les houillères où l'on a pour habitude de confier aux ouvriers le soin de nettoyer et d'arranger leurs lampes, j'en ai souvent trouvé qui étaient défectueuses.

M. Benjamin Biram, inspecteur des mines à Wentwosth (Yorkshire), a aussi inventé une lampe de sûreté.

Dans cette lampe, l'enveloppe qui environne la flamme se compose d'une plaque et d'une toile métallique; cette dernière a $0^m,085$ de haut sur $0^m,056$ de large; cette enveloppe est surmontée d'un cylindre en toile métallique de 0,05 de haut sur 0,031 de diamètre. Un réflecteur se trouve placé à l'intérieur.

La capacité intérieure de l'enveloppe métallique qui entoure la flamme dans cette lampe, étant beaucoup plus grande que dans celle de Davy, il en résulte qu'elle présente tous les inconvénients déjà signalés.

Sir Davy a remarqué que s'il se produit une explosion dans un vase fermé, ne communiquant avec l'atmosphère que par des ouvertures, placées irrégulièrement sur sa surface, la flamme passera plus facilement au-dehors que dans le cas où l'enveloppe serait percée d'une manière uniforme.

Cette remarque me semble applicable à une lampe disposée comme celle de M. Biram dans laquelle l'enveloppe offre une surface de deux décimètres carrés sans ouverture et un décimètre carré seulement, en toile métallique.

Les parties des enveloppes formées de plaques métalliques ,

qu'elles soient percées de trous ou non, s'échauffent du reste, plus vite que celles en toile métallique.

Peu d'ouvriers mineurs comprennent la lampe de Davy ou toute autre lampe de sûreté; il est donc nécessaire qu'une personne capable soit chargée d'inspecter, de réparer et de nettoyer ces lampes.

M. Phillips, dans son ouvrage sur la ventilation des mines, fait remarquer combien il serait désirable que les ouvriers fussent instruits, des circonstances qui peuvent avoir tant d'influence sur leur propre sécurité. Cette opinion est fréquemment exprimée par tous les ingénieurs.

Les directeurs des travaux ne doivent adopter qu'avec prudence les lampes appelées lampes de Davy perfectionnées; et je les engage à lire avec soin les remarques de ce savant sur les lampes de sûreté. J'ai l'intention de publier ces remarques dans un livre à bon marché, où les ouvriers pourront acquérir les connaissances pratiques qui leur manquent; j'y ajouterai mes observations sur l'emploi, les qualités et les défauts des lampes de sûreté en général.

Le règlement ci-dessous, relatif à l'emploi de ces lampes, a été formulé et introduit dans la pratique par M. Edward Potter, inspecteur des houillères de South-Hetton et autres du Bassin de Newcastle.

Instruction pour l'usage des lampes de Davy à la houillère de South-Hetton :

1° Il n'est permis à aucun ouvrier de faire usage d'une lampe de Davy dans les travaux avant qu'elle ait été examinée par le surveillant. (*Overman* ou *Deputy*).

2° Lorsqu'un accident arrive à la lampe pendant qu'elle est en service, soit parce que l'huile se répand dehors, soit parce que la lampe est devenue d'un usage dangereux, pour une cause quelconque, les ouvriers doivent la porter immédiatement au-delà de la porte dite de Davy et ne plus en faire usage, avant qu'elle ait été examinée par le surveillant ou le lampiste.

3° Il est sévèrement défendu à tout ouvrier auquel une lampe de Davy est confiée d'y toucher pour quelque motif que ce soit, excepté pour en élever la mèche.

4° Dans le cas où une lampe de Davy viendrait à s'éteindre, l'ouvrier qui en est porteur doit aller, lui-même, la rallumer de l'autre côté de la porte de Davy et il ne lui est pas permis d'envoyer une autre personne à sa place.

5° Tout ouvrier qui verra une lampe de Davy maltraitée par des enfants ou autres, est requis d'en donner immédiatement avis au surveillant chargé de ce service, toutes les précautions devant être prises pour sauvegarder la vie des ouvriers employés dans la mine.

6° Il est défendu de fumer dans les parties de la mine où les lampes de Davy sont en usage. Toute personne qui contreviendra à cette défense sera punie d'une amende de 12 frs. 50 ou attraite devant un magistrat au choix des propriétaires de la mine ou de l'inspecteur. L'amende sera payée à celui qui aura fait connaître le coupable.

7° Aucune chandelle ne sera employée au-delà des points fixés par les surveillants. Celui qui contreviendra à cette prescription sera puni d'une amende de 12 frs. 50. L'amende sera payée à celui qui aura fait connaître le coupable.

8° Les ouvriers occupés dans les galeries de service, soit au traînage, soit autrement, ne pourront sous aucun prétexte être porteurs de lampes pendant le travail. Ces galeries sont toujours éclairées par un nombre suffisant de lampes fixées aux parois.

EDWARD-POTTER.

South-Hetton, octobre 1844.

CHAPITRE XVII.

De quelques instruments en usage dans les mines.

Le baromètre, le thermomètre et l'anémomètre sont peu usités dans les mines; cependant le baromètre peut être considéré comme tout à fait indispensable pour les houillères à grisou d'une grande étendue.

Le baromètre, le sympiésomètre et l'anéroïde sont employés pour indiquer les changements de pression de l'atmosphère; mais c'est le baromètre qui sert le plus souvent à cet usage.

Je recommande l'emploi du baromètre ordinaire, celui à cadran présentant trop de causes d'inexactitude. Un abaissement subit du mercure dans le tube du baromètre sera suivi du dégagement des gaz contenus dans certaines parties de la mine, lesquels se répandront dans les voies.

M. C. J. Woodhouse, inspecteur à Ashby-de-la-Zouch, se sert sur chacun des baromètres en usage dans les houillères sous sa direction, des indications suivantes : *feu lent — feu modéré — feu violent.*

Ces indications sont basées sur le plus ou moins de danger que présentent les travaux, lorsque le baromètre ayant été haut pendant quelque temps, il survient une diminution de pression qui le ramène aux points ci-dessus indiqués. Ce mode d'indication est inexact, attendu qu'il ne fait pas connaître dans tous les cas, l'état de la mine ainsi que nous allons le démontrer.

Si le baromètre descend à feu lent et reste à ce point pendant quelque temps, une partie des gaz se dégagera des remblais par suite de cette réduction de pression. Si ensuite la pression de l'atmosphère continue à diminuer et que le baromètre tombe à feu violent, l'étendue du danger ne sera pas indiquée, attendu que l'abaissement préalable à feu lent a été suivi du dégagement de beaucoup de gaz et que le danger est seulement proportionnel à la dernière diminution de pression.

En outre, si le mercure descendant au point marqué feu violent, reste quelque temps à ce point et s'élève ensuite à celui marqué feu modéré, la mine ne se trouvera pas dans l'état de danger indiqué.

La réduction de pression dans l'atmosphère, lorsque le mercure descend à feu violent, laisse dégager dans les voies, les gaz accumulés dans les remblais, jusqu'à ce que la tension de ces gaz soit à peu près égale à celle de l'atmosphère, par conséquent l'ascension du mercure jusqu'à feu modéré force les gaz à rentrer dans l'intérieur des remblais et arrête leur dégagement par les fissures du terrain.

Les voies, au lieu de se trouver dans l'état de danger correspondant à feu modéré, sont au contraire entièrement purgées de gaz.

On voit d'après cela, que les directeurs des travaux ne doivent pas s'en rapporter, dans tous les cas, aux indications du baromètre adopté par M. Woodhouse.

La ventilation de la mine exige beaucoup de soins, lorsque le baromètre subit des variations fort sensibles.

Les observations barométriques, pour être utiles, doivent être faites fréquemment et régulièrement, et annotées sur un livre spécial, car c'est seulement par la comparaison de ces observations que le degré de danger dû aux changements atmosphériques peut être bien connu. Ces observations ne sont cependant d'aucune utilité dans le cas d'éruption subite de gaz qui surviennent dans quelques-unes des couches profondes, comme il a déjà été dit.

Une bonne ventilation et l'emploi exclusif des lampes de sûreté peuvent seuls préserver de telles mines.

Il convient d'observer également le thermomètre ; car lorsque la température à la surface vient à s'élever, la ventilation, si elle a lieu à l'aide de foyer, devient moins active, puisqu'elle n'est dûe qu'à la différence de température dans les puits d'entrée et de sortie de l'air.

Une réduction de pression atmosphérique survenant simultanément avec un accroissement de température, il y a non seulement dégagement du gaz des remblais et des fissures du terrain, mais encore diminution dans l'activité de la ventilation. Ainsi un dégagement plus grand de gaz dans la mine, est accompagné de circonstances qui diminuent les moyens de les évacuer.

Lorsque les instruments indiquent une diminution de pression ou un accroissement de température, on doit avoir immédiatement recours aux moyens les plus propres à activer la ventilation ; les vannes régulatrices doivent être ouvertes davantage dans les districts qui exigent un aérage plus actif et les courants d'air vicié doivent passer directement dans le puits d'appel sans être mis en contact avec le feu. De plus, si les travaux sont aérés par un seul courant il est nécessaire de faire remonter les ouvriers jusqu'à ce que le danger soit passé (1).

Les directeurs ne doivent pas s'en rapporter exclusivement aux indications de leurs instruments. Ils doivent, en outre, visiter soigneusement, chaque jour, les travaux de la mine.

Lorsqu'on a reconnu avec quelle vitesse l'air doit passer à travers la vanne régulatrice d'un district, pour le maintenir dans un état complet de sécurité, on doit en inférer que toute réduction dans la vitesse du courant d'air doit diminuer cette sécurité.

L'anémomètre donne la vitesse de l'air avec une approximation suffisante dans la pratique. Cette vitesse peut aussi être obtenue, en observant la marche de la fumée de poudre à travers une taille ou dans une galerie d'une section régulière.

Les figures ci-annexées montrent les vues de côté et de face d'un instrument très-simple pour indiquer les changements de

(1) Un système dans lequel on attend l'apparition du danger pour y parer n'est-il pas jugé d'avance ?

Pour qu'une mine soit bien aérée, il faut que la quantité d'air qui y passe soit assez grande pour que les dégagements des gaz méphytiques qui résultent des changements atmosphériques ne puissent pas le vicier d'une manière sensible.

On est parvenu à ce point dans la majeure partie des mines de la Belgique et l'on peut dire que celles où les expressions de : *il fait fort, il ne lume pas* sont encore en usage, y deviennent chaque jour de plus en plus rares. Nul doute donc que l'on ne puisse arriver facilement au même résultat dans les houillères de l'Angleterre où l'épaisseur des couches en exploitation permet de ménager des galeries de bien plus grandes dimensions qu'ici.

Sous le rapport de la conservation des ouvriers mineurs et de l'économie sur le prix de la main-d'œuvre, la question de l'aérage doit occuper le 1er rang. Heureusement tout le monde est d'accord, aujourd'hui, sur ce point et si ce n'était la tendance qui se manifeste vers un développement extraordinaire des travaux d'exploitation de chaque puits, on aurait pu espérer de voir avant peu chaque mine parfaitement aérée. (*Note des trad.*)

vitesse d'un courant d'air ; cet instrument peut être fixé au toit de la couche où dans toute autre position convenable dans la voie d'aérage.

Une tige métallique offrant peu de prise au courant d'air, est suspendue par son extrémité supérieure entre deux plateaux en bois ou en métal, de manière à pouvoir osciller librement entre eux. A l'extrémité inférieure de cette tige est placée une plaque carrée en métal. Le courant d'air relève cette plaque plus ou moins haut, ce qui permet d'estimer approximativement les augmentations ou les diminutions qui y surviennent. Lorsque cette instrument est bien construit et que son échelle est graduée avec soin, il peut même fournir directement les vitesses (1).

Un autre anémomètre très-simple, construit d'après le principe de sir Georges Cawley, donne la vitesse de l'air par la mesure de sa pression sur une surface exposée au courant.

Le manomètre à eau est quelquefois employé, pour connaître le pouvoir raréfiant des foyers d'aérage ou la force nécessaire pour faire mouvoir l'air. Cet instrument s'applique dans un trou pratiqué soit dans une porte, soit dans une stoupure séparant le courant d'air frais de celui en retour. L'eau s'élève dans

(1) M. Devillez, professeur de mécanique appliquée à l'école des mines de Mons, a proposé depuis longtemps un anémomètre fondé sur le même principe, mais d'une construction moins primitive. Ainsi au lieu d'une plaque que l'air ne frappe pas toujours perpendiculairement il fait usage d'une boule creuse ; et le poids de cette boule est équilibré par une petite masse placée sur la même tige qu'elle, mais de l'autre côté du point de suspension, c'est-à-dire au-dessus.

Il paraîtrait que le mécanicien auquel M. Devillez s'est adressé, tout récemment, pour la construction de son appareil, ayant reconnu qu'il fonctionne bien, s'attribue aujourd'hui, sans scrupule, le mérite de cette idée.

(*Note des trad.*)

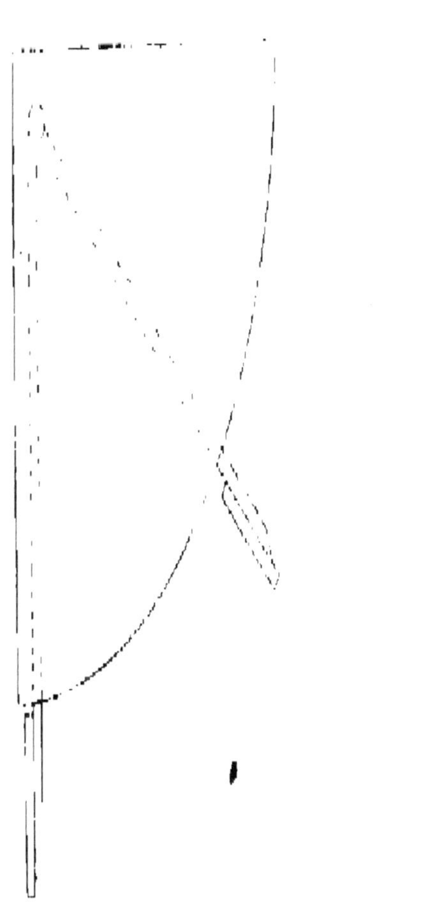

le tube proportionnellement à la puissance de l'aspiration. Si le tube est appliqué dans une communication reliant directement les puits de descente et d'appel, un foyer puissant peut produire une dénivellation d'eau de $2^{cent},50$ à $5^{cent},00$.

L'instrument dont il est ici question n'a pas d'autre usage pour la ventilation, car étant placé près du puits d'appel, il peut indiquer une dépression considérable sans qu'il soit permis d'en inférer que l'aérage de la mine est bon. Ainsi s'il existe des obstacles ou rétrécissements dans les travaux, la dépression est toujours plus élevée en deçà qu'au delà et conséquemment l'élévation de l'eau dans le tube manométrique indique alors, une puissance d'appel plus grande que si l'aérage n'était pas arrêté par une obstruction.

Les anciens houilleurs reconnaissent que l'aérage a rencontré des obstacles sur son chemin, par le sifflement plus grand du vent qui s'échappe par les portes et stoupures séparant les courants d'airs frais de ceux en retour.

CHAPITRE XVIII.

Remarques sur les incendies dans les houillères.

Les incendies dans les houillères proviennent de différentes causes : des explosions de gaz, du feu des machines souterraines, des foyers employés pour l'aérage, des lumières laissées dans les travaux, et enfin de la combustion spontanée des charbons pyriteux abandonnés dans les remblais.

Les moyens adoptés jusqu'ici pour éteindre ces incendies consistent, soit à soustraire au contact de l'air la partie des travaux en combustion, soit à y projeter des jets d'eau, soit aussi à les inonder complétement. Le premier de ces procédés est presque toujours dangereux; il peut donner lieu à l'explosion des gaz provenant de la distillation du charbon et, dans beaucoup de cas, son application est impraticable. L'inondation des travaux est un moyen extrêmement coûteux et auquel on doit avoir recours dans les cas extrêmes seulement ; il est facile d'envoyer de l'eau dans une mine, mais ce n'est souvent qu'au moyen de dépenses considérables qu'on peut l'en retirer; d'un autre côté, l'eau détériore les voies, nuit au charbon des piliers et, dans beaucoup de cas, après qu'elle a éteint le feu, il survient une combustion spontanée, que produit probablement l'état humide dans lequel se trouvent les charbons pyriteux.

M. Goldsworthy Gurney, l'inventeur de l'emploi de la vapeur à haute pression pour l'aérage des mines, a suggéré, il y a deux ans, à un propriétaire de houillères du Lancashire, dont la mine se trouvait en combustion, l'idée d'éteindre le feu en remplissant les travaux d'air désoxigéné, ou plus exactement d'un mélange d'azote et d'acide carbonique, obtenu en faisant passer de l'air atmosphérique à travers un foyer. L'air ainsi préparé était conduit directement dans les travaux et aspiré de là à la surface, au moyen de jets de vapeur d'eau lancés dans les puits d'extraction et d'aérage.

L'expérience eut un plein succès, mais l'incendie étant récent, la surface seule du charbon était en combustion et les roches adjacentes n'étaient pas encore beaucoup échauffées. (Pour les détails de cette expérience, on peut consulter le rapport fait, en 1849, par M. Gurney, au comité des Lords, sur la ventilation des mines de houilles.) (1).

Il y a quelques mois le foyer d'une machine souterraine mit le feu à une mine de Cannel-Coal; l'incendie ayant d'abord

(1) Ce procédé a la plus grande analogie avec celui mis en pratique, depuis toujours, pour l'extinction des incendies de cheminée et qui consiste, comme chacun sait, à faire passer dans la cheminée, du gaz acide sulfureux; ce qui s'obtient facilement en projetant une poignée de fleur de soufre sur le foyer et en interceptant partiellement le passage de l'air.

Du reste, déjà en 1844, M. J. Letoret a éteint un incendie souterrain qui s'était déclaré au puits n° 2 du charbonnage de l'Agrappe, à Frameries, au moyen d'un mélange d'acide carbonique et d'azote obtenu en faisant passer de l'air sur un foyer alimenté par du coke. Pour la description de cette opération, voir une notice de M. Jottrand, insérée dans les *Annales des travaux publics de Belgique*, année 1852.

Dans certains cas il serait préférable, croyons-nous, de jetter de la craie au fond du puits et d'en dégager l'acide carbonique au moyen de l'acide hydrochlorique. Cet acide ne coûte plus, aujourd'hui, que deux centimes le litre. Le gaz ainsi obtenu aurait l'avantage d'être froid et légèrement comprimé.

(*Note des trad.*)

marché lentement, il se passa quelque temps avant qu'on ne l'aperçût. Le toit était composé d'une couche de Cannel-Coal de qualité inférieure, ayant 15 centimètres d'épaisseur et au-dessus il y avait 15 à 20 centimètres de schiste noir mélangé de pyrites. Aussitôt qu'on eut aperçu la flamme, elle gagna rapidement le long du toit, dans les galeries.

Je fus alors appelé en consultation par les propriétaires de la mine. Les premiers soins que l'on prit furent de chercher à vaincre le feu au moyen de puissants jets d'eau, ce qui pouvait facilement être fait, dans les circonstances où l'on se trouvait. Des pompes existant dans le puits, à une petite distance du siége de l'incendie, et la soulevante du fond ne se trouvant éloignée que de 54 mètres de ce siége, quatre petits tuyaux furent placés sur ce jeu de pompe et conduits au point où le feu exerçait ses ravages. Ces tuyaux ayant été munis de soupapes, la machine d'exhaure fut alors mise en marche et l'eau fut projetée sur le feu à la pression de 5^{k},681 par centimètre (5$^{at.}$ 1/2). Au moment où ce travail fut exécuté, les piliers et le toit de la couche étaient en combustion sur plus de 30 mètres de longueur, et dans beaucoup d'endroits le feu était si intense que les roches du mur furent fondues. On continua à projeter l'eau sur le feu par ces jets, pendant trois semaines, et alors toute apparence de feu avait disparu dans la partie abordable du point incendié.

Les travaux furent ensuite bouchés sur ce point et restèrent dans cet état plusieurs mois ; lorsqu'on les déboucha le feu reparut de nouveau, mais avec une moindre intensité que précédemment.

Nous eûmes alors recours au système de M. Gurney, et à cet effet nous fîmes construire un appareil portatif pour forcer l'air atmosphérique à passer à travers un foyer. En sortant de ce foyer et avant d'être lancé sur la partie en combustion, l'air désoxigéné passait dans des conduits en fer blanc, de 18 mètres de longueur sur 22 centimètres 1/2 de diamètre, baignés dans un courant d'eau froide. De l'air désoxigéné fut ainsi envoyé sur le feu, pendant trois semaines, et après ce temps l'on referma de nouveau la partie incendiée de la mine.

Trois mois après, lorsque la réouverture eut lieu, le feu était à peine visible et il fut éteint facilement avec de l'eau. Douze mois plus tard une galerie muraillée en briques ayant été établie le long de la partie incendiée, on reconnut que la température y était encore fort élevée, mais on ne vit plus de feu dans la partie où l'eau avait été projetée et le peu qu'on en aperçut sur les autres points, fut facilement éteint au moyen de quelques jets d'eau.

M. Gurney a récemment appliqué son procédé à l'extinction d'un incendie qui a commencé il y a environ trente ans, dans une mine près d'Alloa en Ecosse; et d'après un article que le *Times* vient de publier, les efforts de M. Gurney auraient été couronnés d'un plein succès.

A la houillère Wallsend, une couche donnant beaucoup de grisou était exploitée, il y a quelques années, sous la direction de feu M. Buddle; le gaz qui se dégageait de la couche même était souvent enflammé à la suite de l'abattage du charbon. On éprouvait fréquemment des difficultés pour l'éteindre par la méthode habituelle, c'est-à-dire au moyen de couvertures mouillées. M. Buddle imagina de remplacer ce procédé par la percussion de l'air; à cet effet, il déchargea un canon dans la direction du lieu où le grisou brûlait.

J'ai aussi employé ce procédé pour éteindre le gaz qui était enflammé à la surface du charbon, lorsqu'il m'était impossible de n'avoir recours à aucun autre moyen.

CHAPITRE XIX.

Avis aux conducteurs des travaux, surveillants, etc.
(Underground Managers, voir page 1.)

Beaucoup d'entre vous ont commencé très-jeunes la carrière de mineurs, et les moyens de recevoir une instruction étendue leur ont manqué.

Par votre application et votre zèle vous vous êtes élevés au-dessus de vos camarades et votre intelligence vous a fait choisir, pour soigner les intérêts de ceux qui vous emploient et pour conduire les travaux de leurs mines. En persévérant dans la voie où vous vous êtes engagés, vous ajouterez à la somme de connaissances que vous possédez et vous perfectionnerez vos moyens intellectuels.

Lisez des publications pratiques et scientifiques, traitant de sujets en rapport avec vos fonctions, et pour choisir ces ouvrages, demandez l'avis des personnes aptes à en juger le mérite. Il est déplorable que quelques personnes trouvent encore nuisible l'application des connaissances scientifiques aux travaux des mines, malgré les perfectionnements dont cette application a été certainement la cause.

Au commencement de ce siècle, un savant éminent visita les houillères du Nord de l'Angleterre, dans le but de rechercher si l'on ne pouvait pas remplacer les lampes ordinaires par d'autres, disposées de manière à prévenir les explosions de grisou. Cette visite et les recherches qu'elle provoqua, amenèrent la découverte de la lampe de Davy.

Un autre savant, après une visite dans les mines de houille, fit le premier connaître les principes de l'aérage par le moyen des foyers.

Les hommes qui possèdent en même temps les connaissances théoriques et pratiques peuvent encore introduire de très-grands perfectionnements dans l'exploitation des mines et découvrir, pour protéger la vie des ouvriers, des moyens beaucoup plus sûrs que ceux connus jusqu'ici.

Plusieurs ingénieurs illustres de notre époque ont commencé leur carrière dans les emplois les plus humbles, et c'est par leur intelligence et leur persévérance qu'ils se sont élevés à la haute position qu'ils occupent aujourd'hui.

Soyez sobres, persévérants dans votre bonne conduite et exacts dans l'accomplissement de vos devoirs. Par votre exemple et vos préceptes, encouragez les hommes, sous vos ordres, à vous imiter, et soyez convaincus qu'ils s'empresseront de modeler leur conduite sur la vôtre et de vous porter tout le respect que vous pouvez désirer.

La douceur, la fermeté et une ligne de conduite décidée, vous procureront l'obéissance aux ordres que vous donnerez, mieux que la violence et l'hésitation. En donnant vos instructions, évitez les plaisanteries et parlez de manière que les ouvriers s'aperçoivent que vous avez à cœur l'intérêt des personnes qui vous emploient.

Lorsque vous aurez fait connaître vos ordres, ne permettez jamais à qui que ce soit de les enfreindre ou de les négliger.

Quelques conducteurs des travaux ont pour habitude, après avoir donné leurs ordres, d'envoyer un de leurs subordonnés pour en surveiller l'exécution, bien qu'il soit souvent important, qu'ils s'acquittent personnellement de cette partie de leurs fonctions.

Les conducteurs qui ont souvent recours à ce moyen, parce qu'ils éprouvent de la répugnance à rester longtemps dans les travaux, ne sont pas dignes de la place qu'ils occupent. Quels que soient vos devoirs, vous devez vous en acquitter fidèlement. Si vous chargez une autre personne de faire exécuter vos ordres, elle pourra n'en avoir qu'une connaissance imparfaite et donner des instructions incomplètes ; de plus, les ouvriers pourront, dans un grand nombre de cas, mépriser des ordres ainsi transmis.

Votre négligence peut avoir pour conséquence, une exécution du travail tellement mauvaise qu'il soit nécessaire de le recommencer, et cela avec une plus grande dépense que la première fois.

J'ai eu connaissance d'un grand nombre d'accidents survenus, parce que des directeurs de travaux avaient délégué d'autres personnes pour les remplacer.

Lorsqu'un ouvrage de quelqu'importance doit être exécuté dans la mine, vous devez d'abord visiter les lieux, et ensuite, quoique vous sachiez par des rapports certains que le travail marche convenablement, vous ne devez pas vous tenir pour satisfaits et vous devez vérifier par vous-mêmes si vos ordres ont été suivis en tous points.

Les ouvriers s'aperçoivent bientôt si les chefs sont indifférents à la bonne exécution des travaux qu'ils ordonnent; ils éprouvent alors la même indifférence, et en l'absence de ces chefs, ils négligent l'exécution de leurs ordres. Dans ce cas, les ouvriers, au lieu d'être portés à soigner les travaux et à maintenir le bon ordre et la discipline dans la mine, cherchent plutôt à y mettre le désordre et à apporter des obstacles à la marche régulière de ces travaux.

Soignez vous-mêmes les travaux de votre mine et persuadez-vous que chacune de ses parties doit vous être assez bien connue pour qu'il ne vous soit pas nécessaire d'avoir toujours recours à vos plans. Cette connaissance est de la plus grande importance et vous l'acquerrez bientôt si vous visitez chaque jours vos travaux; elle vous mettra aussi à même de prendre les précautions nécessaires pour maintenir une extraction régulière et un bon système de ventilation ; elle vous rendra plus aptes à reconnaître si les changements que vous projetez ajouteront à la sécurité de votre mine ou à sa production et enfin elle vous permettra de découvrir avec plus de facilité, les causes de danger qui peuvent se présenter et les moyens à employer pour y remédier.

Sans une connaissance approfondie de vos travaux, vous ne vous acquitterez que très-imparfaitement de vos fonctions ; vous pourrez, il est vrai, recourir aux plans, mais les indications qu'ils vous fourniront ne pourront jamais vous être aussi utiles que les connaissances que vous acquerrez, en faisant de l'étude de votre mine, l'objet de vos méditations continuelles. Seriez-vous sous les ordres d'un inspecteur qui dirigerait la mine suivant les meilleurs principes, qu'il vous serait encore nécessaire d'avoir une connaissance complète des travaux; pour faire exécuter les instructions qui vous seraient données et pour surveiller toutes les opérations de la mine.

Vous devez aussi posséder une connaissance approfondie de la géométrie souterraine afin de conduire vos travaux régulièrement, d'après le système adopté.

La plus grande attention doit être apportée dans les dispositions intérieures des travaux, dont dépendent la vie et la santé des ouvriers; la nature des accidents auxquels la mine est le plus exposée doit vous être bien connue, afin que vous puissiez prendre les mesures propres à l'en préserver.

On trouvera en appendice à cet ouvrage quelques règles que je conseille de mettre en usage, pour préserver la santé et la vie des ouvriers mineurs.

Lorsque vous approchez des vieux travaux, vous devez percer des galeries d'exploration et ouvrir en avant de ces galeries des trous de sonde. Vous devez en outre, dans ce cas, faire usage de lampes de sûreté, et si la chose est praticable envoyer l'air qui a aéré ces galeries directement au puits d'appel.

Si la houillère renferme beaucoup de grisou, ne permettez jamais que les voies inclinées ou de niveau en percement dans les parties en ferme de la couche restent sans ventilation, car les gaz ne manqueraient pas de s'y accumuler. Si cependant vous deviez entrer dans des galeries semblables, non aérées, faites toujours usage d'une lampe de sûreté et ne suivez pas l'exemple de quelques personnes qui laissent leur chandelle à l'entrée de la galerie et y entrent sans feu; car le mouvement du corps peut faire sortir le gaz et l'amener en contact avec la lumière.

Les tailles ou galeries non aérées, poussées en descente ou en vallée, permettent au grisou qui peut s'y dégager de s'écouler naturellement; mais il ne faut pas pour cela négliger de les ventiler, car si le grisou peut s'échapper de ces tailles, l'acide carbonique au contraire s'y accumule facilement.

Lorsque vous avez à établir des travaux le long de dérangement, dykes ou failles, redoublez de soins pour la ventilation, et faites usage de lampes de sûreté, car le grisou existe souvent en grandes quantités dans le voisinage de ces dislocations et on y rencontre fréquemment, surtout dans les mines profondes, des cavités remplies de ce gaz à un haut degré de compression.

Ne descendez jamais dans les puits abandonnés avant de vous être assurés auparavant, au moyen d'une lampe de sûreté, s'ils ne contiennent pas de gaz délétères. L'acide carbonique s'y trouve fréquemment accumulé et plusieurs accidents sont arrivés à ceux qui ont voulu descendre sans précautions.

Quelques pelletées de chaux vive en poudre, jetées dans un puits, le débarrasseront entièrement de l'acide carbonique ; ce procédé que j'ai employé dans plusieurs occasions m'a toujours bien réussi. La chaux a une grande affinité pour le gaz acide carbonique et l'absorbe facilement (1).

Vous aurez sans aucun doute observé que la quantité de gaz qui se dégage dans les travaux n'est pas toujours la même, et vous aurez en outre remarqué que les fissures du terrain laissent parfois dégager des gaz, tandis que d'autres fois elles absorbent de l'air.

Ces phénomènes sont dus aux changements de la pression atmosphérique. Lorsque cette pression vient à augmenter, le gaz est retenu dans les remblais et les fissures du terrain; tandis que dans le cas contraire il afflue dans les travaux.

En l'absence d'instruments pour indiquer les changements de pression de l'atmosphère, il est désirable que vous observiez la direction du vent à la surface, car tout changement dans cette direction est souvent accompagné d'un changement dans la pression de l'atmosphère.

Les vents du Nord-Ouest, du Nord et du Nord-Est peuvent être considérés comme favorables. Sous leur influence l'atmosphère a généralement une grande densité et les gaz s'accumulent dans les remblais et les fissures. Si le vent tourne du Nord-Est ou du Nord-Ouest au Midi, la densité de l'atmosphère diminue aussi; les vents du Sud-Ouest, du Sud et du Sud-Est sont regardés comme défavorables; et lorsqu'ils règnent, les gaz se dégagent abondamment dans les travaux.

Les vents variables et violents gênent l'aérage et sont considérés comme nuisibles.

(1) Un lait de chaux vive ou une solution de potasse caustique agirait dans le même sens et plus activement; mais si l'acide carbonique se dégage d'une manière continue dans le puits ou dans la galerie à visiter, ou bien si la quantité de ce gaz qui s'y trouve est considérable, tous ces moyens ne seront pas assez puissants pour l'absorber complétement. Dans ce cas, qui est de beaucoup le plus général, il faut faire usage de la ventilation, moyen toujours sûr et commode. (*Note des trad.*)

Dans le but d'observer la direction du vent, placez une girouette dans un endroit convenable et de manière que vous puissiez l'observer nuit et jour; à cet effet, vous ferez descendre la tige de la girouette dans l'intérieur d'une cabane, jusque sur une table où se trouvera tracée une rose des vents.

Lorsque vous observerez quelques changements défavorables dans la direction du vent, activez la ventilation, et si les courants d'air qui ont servi à l'aérage des travaux sont fortement chargés de gaz, envoyez-les directement dans le puits d'appel, sans les mettre en contact avec le foyer.

Lorsque votre mine est aérée par un courant unique, vous devez faire remonter les ouvriers jusqu'à ce que le danger soit passé.

Une diminution dans la pression de l'atmosphère, permet non-seulement le dégagement du gaz mais elle rend encore plus fréquents les éboulements du toit, lequel se trouve alors moins bien supporté.

La densité ou la pression de l'atmosphère peut diminuer par plusieurs causes, autres que les changements dans la direction du vent; en sorte qu'il est nécessaire d'observer avec soin le baromètre et le thermomètre, seuls instruments capables de faire connaître les changements de pressions.

J'ai fait connaître suffisamment l'usage de ces instruments dans un des chapitres précédents; je ne m'étendrai pas davantage, ici, sur leur utilité.

L'opération qui précède l'abattage du charbon, c'est-à-dire le havage, porte différents noms suivant les localités : (*Undermining, kirving, bearing, holing*, etc.), dans quelques houillères les ouvriers se tiennent d'abord debout et entaillent à leur pied la partie de la couche qui touche le mur, sur une hauteur de 45 à 50 centimètres, et lorsque cette entaille est parvenue à 60 centimètres de profondeur, ils s'asseyent pour la continuer jusqu'à 90 centimètres, ce qui forme un avancement ordinaire. Dans un espace de 3 mètres 65 centimètres de large et pour un avancement de 0^{m},91 centimètres, on perd ainsi une tonne environ de la meilleure partie de la couche, qui passe à l'état de menu et reste souvent dans les travaux.

Dans d'autres mines les ouvriers commencent et terminent l'opération, assis; ils havent alors le charbon sur 0^{m},20 à 0^{m},23 centimètres de hauteur et sur une profondeur de 0^{m},76 à 0^{m},83 centimètres.

Par ce mode de travail on obtient dans la surface indiquée ci-dessus, une demi tonne de gros charbon de plus que dans le premier cas.

Quoique les ouvriers qui havent debout attaquent le charbon avec une plus grande force que les autres, attendu qu'ils peuvent profiter du poids de leur corps, alors que l'ouvrier assis ne peut faire usage que de sa force musculaire; il n'en est pas moins vrai que si les ouvriers entendaient bien leurs intérêts, ils comprendraient que l'économie du travail, par le havage assis, est considérable et qu'ils retireraient de grands avantages de l'adoption de cette méthode. Outre cette économie, comme ils renverraient au jour une plus grand quantité de gros charbons, ils augmenteraient leur salaire de 2 frs. 50 à 3 frs. 75 par semaine, car ce charbon leur est presque toujours payé plus cher que le menu.

Dans le cas où le charbon quitte la mine sans être trié et où l'ouvrier reçoit le même prix pour le gros et pour le menu, vous devez prescrire le havage d'après les dimensions que j'ai données précédemment, savoir 20 à 23 cent. de hauteur sur 0^{m},76 à 0^{m},83 de profondeur et promettre une légère augmentation de salaire aux ouvriers qui se conformeront à vos prescriptions, tout en infligeant une punition aux autres.

Vous rencontrerez plusieurs ouvriers qui comprendront les avantages de ce mode de havage ; ce ne seront pas d'habitude les plus robustes, mais bien les plus habiles. Lorsqu'un ouvrier se fait remarquer par son adresse, ses camarades sont souvent portés à l'imiter.

Vous devez dans tous les cas déterminer rigoureusement la longueur de chaque avancement de manière à faire tomber le charbon en masse, lorsque vous l'abattez soit à la poudre, soit au moyen de coins.

Beaucoup d'ouvrier se laissent aller facilement à enfreindre cette prescription ; ce sont surtout les jeunes, c'est-à-dire ceux dont le travail doit être surveillé d'une manière toute spéciale.

Il y a probablement dans votre mine beaucoup de jeunes gens qui peuvent devenir bientôt ouvriers à veine (*getters*). Vous arriverez plus facilement à leur donner de bons principes qu'à corriger les mauvaises habitudes des vieux ; aussi, si vous négligez l'instruction de ces jeunes gens et que vous les laissiez se former sous des ouvriers routiniers, vous encourrez une grave responsabilité. Il ne doit être permis à aucun jeune ouvrier de travailler à la veine avant de connaître parfaitement le havage assis.

On peut quelquefois exécuter le havage, dans un mur tendre ou contenant des sillons de charbon, sans réduire en menu une partie de la couche.

Ce havage présente cependant quelquefois l'inconvénient de détruire la surface unie du mur et de ne laisser qu'un mauvais fond pour le travail à la pelle.

Lorsque le havage a lieu dans un mauvais mur, le menu charbon se trouve toujours mélangé avec une grande quantité de terre et de schiste. En sorte que s'il est sorti de la mine avec le gros il aura peu de valeur, et dans le cas ou le triage a lieu au fond et où ce menu est jeté dans les remblais, la partie de la couche qui est extraite n'est pas encore entièrement propre.

Cette perte du menu et le prix plus élevé qu'il faut payer pour l'abattage, doivent donc être compensés par l'augmentation de la quantité de gros charbon obtenue.

Un autre point sur lequel je désire appeler votre attention est relatif à l'abattage du charbon; cette opération est généralement faite d'une manière peu judicieuse : une trop forte charge de poudre étant employée pour chaque coup de mine ; ce qui détruit la cohésion du charbon.

Dans beaucoup de cas le trou de mine n'est pas non plus placé dans un endroit convenable; il est souvent pratiqué près du toit, et suivant la ligne de moindre résistance, en sorte que la charge nécessaire, pour arracher le charbon de son lit, est plus forte que si le trou était placé plus favorablement.

Pour abattre le charbon de manière à détruire le moins possible sa cohésion, il faut que le trou de mine soit dans une position telle que la ligne de moindre résistance se trouve dans la direction B C (fig. 2.) La charge nécessaire sera alors beaucoup moindre que dans le cas précédent.

Lorsque le charbon se détache facilement du toit, le trou de mine doit être plus éloigné de cette paroi que dans le cas contraire.

Vous devez vous assurer, par des expériences faites sous vos yeux, de la position la plus favorable à donner aux trous de mines dans les couches qui exigent le tirage à la poudre, et cela au point de vue d'une augmentation du gros charbon.

La quantité de poudre nécessaire et la place du trou de mine ne doivent jamais être laissées à la discrétion des ouvriers.

Lorsque vous pouvez vous dispenser d'employer la poudre pour l'abattage du charbon, n'ayez pas recours à ce moyen et employez le pic et les coins; la houille sera alors beaucoup plus marchande.

Ayez soin que chaque ouvrier à veine soit toujous muni des outils qui lui sont nécessaires, que ce soit le maître ou l'ouvrier qui doive les lui fournir.

Je ferai ici quelques remarques sur l'usage adopté dans quelques houillères, de remettre à l'ouvrier à veine le traînage de son charbon jusqu'à la voie à chevaux ou jusqu'au puits. Lorsque des contrats de cette nature existent, les jeunes gens employés au transport du charbon sont pour ainsi dire indépendants de l'autorité des directeurs des travaux et ils regardent l'ouvrier à veine comme leur maître ; celui-ci alors ne les encourage que trop souvent à commettre des actes de désobéissance.

Si l'ouvrier ne peut abattre pendant sa journée autant de charbon qu'un meneur peut en transporter, celui-ci, afin d'augmenter son salaire, travaillera à la veine ; entretemps, et à cause de son inexpérience, il réduira en menu une partie du charbon.

L'abattage et le transport de la houille étant séparés et chacune de ces opérations étant payée par taille, par douzaine ou par tonne, le charbon est transporté au plus bas prix possible et les jeunes ouvriers sont entièrement occupés au traînage.

Ces jeunes ouvriers seront alors placés directement sous la surveillance du directeur qui les enverra à tour de rôle, dans les parties de la mine où chacun d'eux pourra, tout en exécutant sa besogne, apprendre le travail de l'abattage.

Les directeurs qui abandonneront le premier système pour adopter celui-ci, ne tarderont pas à en reconnaître tous les avantages, ils seront même les premiers à en profiter par la diminution de leur besogne.

Il est d'habitude dans plusieurs houillères de déterminer par le sort, tous les deux ou trois mois, la partie de la mine où chaque ouvrier doit travailler ; ainsi, tous les ouvriers se trouvent sur le même pied, pour le choix des places, et l'on évite par là la jalousie et les désagréments qui existent fréquemment entre eux, lorsque c'est le directeur qui désigne lui-même ces places.

A cause des nombreuses désertions qui ont eu lieu parmi les ouvriers mineurs et de la grande extension que l'exploitation de la houille a prise, dans ces dernières années, on a été forcé d'employer à ce travail beaucoup d'hommes qui y étaient complétement étrangers. Ces ouvriers ignorants et paresseux se rencontrent, aujourd'hui, en grand nombre dans presque toutes les houillères. Un soin spécial doit être apporté pour instruire ces ouvriers de leurs devoirs et leur faire connaître les dangers qu'ils peuvent rencontrer dans les travaux souterrains.

Le nombre des bons ouvriers à veine ou abatteurs est généralement trop faible, et je vous engage à employer toute votre influence pour répandre l'instruction parmi cette classe de travailleurs. La bonne direction de votre mine dépendra beaucoup de votre zèle sous ce rapport.

Par bons ouvriers à veine j'entends ceux qui havent de la manière la plus convenable, qui renvoient à la surface une aussi grande proportion de gros charbon que la couche peut le permettre, et qui se rendent régulièrement à leur besogne.

Je suis convaincu qu'en cherchant à mettre toutes mes recommandations en pratique, vous éprouverez beaucoup d'oppositions de la part des ouvriers, attendu que ceux-ci n'ont généralement que des idées erronées sur les principes qui concernent leur travail, ou sur les améliorations que l'on peut apporter dans la manière de faire à laquelle ils ont été accoutumés. Dans tous les cas je vous conseille de vous laisser guider dans les instructions que vous avez à donner, plutôt par votre conviction que par les idées inconsidérées des ouvriers placés sous vos ordres.

CHAPITRE XX.

Réglement pour les ouvriers à la mine de : . . . .

Il est impossible, au-delà de certaines limites du moins, de formuler pour le travail et la discipline des règles qui soient applicables à toutes les houillères.

Les prescriptions suivantes sont celles que j'ai mises en usage dans une mine à grisou ; et quelques-unes d'entre elles sont inutiles pour une mine qui ne renferme pas de gaz.

Ouvriers de la surface.

Le surveillant du jour (*Banksman*) sera à son poste le matin, au moment de la descente des ouvriers et il y restera jusqu'à ce que le dernier homme soit sorti du puits. Avant que personne ne descende, le matin, les cordes doivent être déroulées dans le puits et examinées soigneusement, par le surveillant, depuis les cages jusqu'aux points où elles sont attachées aux tambours ou bobines. Le surveillant doit aussi examiner chaque jour les cages, chaines, poulies ou autres engins de la surface et s'il y découvre quelques défauts ou ruptures, il doit les faire réparer avant qu'il soit permis à aucune personne de descendre.

Le surveillant doit aussi tenir note du nom de chaque ouvrier qui descendra ou remontera, en dehors des heures fixées et il ne doit permettre à aucune personne étrangère à la houillère de descendre sans autorisation; de plus, il devra défendre de descendre à tout ouvrier en état d'ivresse.

Si le surveillant enfreint ces ordres, il sera mis à l'amende ou renvoyé.

L'ouvrier qui mettra obstacle à l'exécution des ordres ci-dessus, et qui se mêlera de la besogne du surveillant, sera aussi puni d'une amende ou renvoyé.

Le mécanicien doit examiner chaque jour sa machine et voir si les cordes, tambours, bobines, etc., sont en bon état. Il ne doit permettre à personne de travailler à sa machine pendant la descente ou l'ascension des ouvriers; il ne doit laisser conduire la machine par des apprentis qu'avec le consentement du directeur. Il doit prendre de grandes précautions pour la remonte et la descente des ouvriers; la vitesse de la machine ne doit être alors que la moitié de ce qu'elle est pendant l'extraction. Il doit encore, autant qu'il est en lui, assister le surveillant dans l'exécution du réglement.

Si le mécanicien est trouvé en défaut, il sera puni d'une amende ou démissionné sur le champ.

Les ouvriers devront être rendus à leur travail à...... heures du matin et y rester jusqu'à...... heures du soir, excepté le samedi qu'ils pourront quitter leur travail à...... heures et le samedi de paie à...... heures. Une demi-heure est chaque jour accordée aux ouvriers pour déjeûner et une heure pour dîner.

Les ouvriers doivent avoir soin des outils qui leur sont confiés, et lorsqu'ils les détruiront ou les perdront par négligence ils devront les remplacer.

Chaque ouvrier devra avertir de son départ quinze jours à

l'avance et réciproquement il sera prévenu de son renvoi le même temps auparavant.

Si quelque changement doit être apporté dans son salaire, un semblable avertissement lui sera donné et le nouveau prix prendra cours à partir du jour où l'avertissement expirera.

Ouvriers de l'intérieur.

Les conducteurs des travaux (*Underground-Managers*) ou leurs aides, nommés par l'inspecteur, devront visiter les travaux de chaque puits et examiner avec la lampe de sûreté l'emplacement que chaque ouvrier doit occuper avant que celui-ci ne puisse s'y rendre. Tout ouvrier qui sera trouvé à sa place de travail avant que celle-ci n'ait été examinée, payera une amende de. . . . ou sera renvoyé sur le champ.

Si la place d'un ouvrier ou toute autre partie des travaux est trouvée dangereuse à cause de la présence du grisou, de l'acide carbonique ou par suite du mauvais état du toit, etc., un signal connu de tous les ouvriers doit être laissé à une distance suffisante de ce point, et celui qui passera au-delà sera puni ou renvoyé ; de plus, tout ouvrier qui ira dans une partie de la mine autre que celle ou il doit travailler, ou qui s'écartera sans ordres ou sans raisons valables du chemin qu'il doit suivre pour se rendre à sa besogne, payera. . . francs d'amende ou sera renvoyé immédiatement.

Avant qu'aucune personne puisse descendre ou monter dans le puits un signal spécial devra être donné du fond. Tous les signaux venant du puits seront transmis au mécanicien par un appareil disposé à cet usage et qui évitera aux surveillants du jour le soin de répéter ces signaux.

Tout ouvrier qui monterait ou descenderait, ou tout surveillant qui permettrait de monter ou de descendre pendant l'extraction, sans que le signal convenu eût été donné, payerait. . . . francs d'amende.

Le nombre de personnes qui peuvent descendre ou monter à la fois ne doit pas dépasser. . . . . . et il est défendu de monter ou de descendre, au moyen des cages, sans en retirer les chariots pleins ou vides.

L'ouvrier qui enfreindra ces ordres sera puni d'une amende de. . . . .

L'inspecteur ou le directeur des travaux prescrira dans quelles parties de la mine les lampes de sûreté doivent être employées. Celui qui fera usage d'une lumière à feu nu dans ces endroits, ou qui laissera une lumière dans la mine, sera puni ou cité devant le magistrat (*pour offenses*).

Les stoupures, ainsi que les *crossings* et les portes doivent être examinés chaque jour; toutes les *brattices* ou cloisons d'aérage doivent être maintenues en bon état et être placées à 2^{m}, au plus, en arrière du front de taille; toutes les portes qui servent à diriger l'aérage doivent être établies de manière à se fermer d'elles-mêmes.

Toute personne qui touchera à une porte d'aérage, excepté pour y passer, ou qui cherchera à déranger la ventilation dans les voies, sera punie d'une amende ou citée devant le magistrat.

Les voies d'aérage et l'état des courants d'air en retour doivent être examinés chaque jour et si l'air de ces courants est trouvé fortement chargé de grisou, ils doivent être envoyés directement au puits d'appel sans passer sur le foyer, ou s'ils y passent, ils doivent être mélangés avec un courant suffisant d'air frais.

Les communications entre les voies principales doivent être fermées avec des stoupures d'une brique d'épaisseur, maçonnées à la chaux, et si cela est praticable on ajoutera à cette maçonnerie un remblayage solide fait avec des pierres ou autres matériaux, de manière que le tout puisse résister au choc, dans le cas d'une explosion.

Une quantité suffisante de bois doit être placée dans les travaux de la mine pour en supporter le toit.

Aucun ouvrier boiseur ne peut aller travailler dans les piliers en exploitation sans être muni d'une lampe de sûreté.

Une attention particulière doit être apportée dans l'examen de l'état du toit et de son soutènement, lorsqu'une diminution considérable de pression survient dans l'atmosphère ; car c'est alors que les éboulements se produisent le plus fréquemment.

Dans l'exploitation des piliers les éboulements du toit doivent être soigneusement observés et particulièrement les premiers qui ont lieu après que cette exploitation est commencée ; car alors il faut activer la ventilation et augmenter la résistance du boisage ou des autres moyens de soutènement. Les ouvriers doivent dans tous les cas, informer le directeur ou son aide du danger qu'ils ont pu observer dans la mine.

Les directeurs des travaux ou leurs aides doivent bien se pénétrer que les changements atmosphériques ont une grande influence sur le dégagement du gaz des remblais. (Pour les détails sur ce sujet, voyez les chapitres XVII et XIX).

Toute personne qui sera trouvée fumant dans la mine ou seulement munie d'une pipe ou d'allumettes chimiques, sera punie d'une amende ou citée devant le magistrat.

Les ouvriers doivent travailler le charbon de la manière la plus avantageuse et renvoyer une aussi forte proportion de gros que possible; le charbon doit, dans tous les cas être propre, c'est-à-dire sans schistes et sans pierres.

Tout chariot qui ne serait pas plein ou qui contiendrait du charbon mal trié et renfermant plus de. . . . p. o/o de pierres ou de terres, sera retenu sur le salaire de l'ouvrier qui l'aura envoyé, si cet envoi a eu lieu après un avertissement pour le même fait. Chaque chariot de gros charbon renvoyé au jour, avec une charge dépassant les bords, sera retenu sans avertissement.

Les ouvriers doivent travailler les différentes couches conformément aux indications données par le directeur des travaux, et s'ils ne se conforment pas à ces indications ils devront réparer à leurs frais le dommage résultant de leur négligence ou de leur désobéissance et aucun salaire ne sera considéré comme leur étant dû avant cette réparation.

Tout ouvrier qui descendrait dans la mine sans y faire une journée de travail entière ou qui ne renverrait pas la quantité de charbon voulue, sera puni d'une amende de. . . .

Aucune punition ne sera cependant infligée si l'ouvrier peut donner des causes valables ou s'il a été malade.

L'*ale* ou toute autre boisson alcoolique ne peut être apportée à la houillère ou descendue dans les travaux, excepté en cas de nécessité et d'après les ordres du directeur seulement; l'ouvrier qui enfreindra cette prescription s'exposera à être renvoyé.

Chaque ouvrier devra avertir de son départ un mois à l'avance, et réciproquement il sera prévenu de son renvoi avec le même délai. Il en sera de même pour tout changement dans les salaires.

Lorsqu'un avertissement aura été donné pour ce dernier objet, le nouveau salaire sera dû à partir du jour ou l'avertissement expirera.

Lampes de sûreté.

Aucune lampe de sûreté ne sera employée avant d'avoir été nettoyée, examinée et reconnue sans défaut, par une personne compétente attachée à cette fin à la houillère.

Si l'huile se répand ou si quelqu'autre accident arrive à la lampe, l'ouvrier doit l'éteindre en faisant rentrer la mèche dans le réservoir et non en soufflant dessus. Il devra alors échanger sa lampe contre une autre en bon état.

Tout ouvrier qui apercevra des indices de grisou à sa lampe, devra la mouvoir avec la plus grande précaution et l'éteindre en faisant rentrer la mèche. Il ira alors prévenir le surveillant que la chose concerne.

Toute personne qui contreviendra à ces ordres ou qui cherchera à endommager la lampe de Davy sera punie d'une amende de. . . . ou citée devant le magistrat.

Toute personne qui verra faire un mauvais usage de la lampe de sûreté est priée d'en informer le directeur des travaux ou le surveillant des lampes.

Celui qui donnera de telles informations sera récompensé.

FIN.

TABLE DES MATIÈRES.

PLANCHES.

—

Planches 1, 2 et 3. Exploitation par piliers et galeries. — Disposition des travaux et ventilation.

» 4. Exploitation par grandes tailles. — Disposition des travaux et ventilation.

» 5, 6 et 7. Exploitation par larges tailles (bassin du Yorkshire). Disposition des travaux et ventilation.

» 8, 9, 10 et 11. Exploitation par longues tailles (bassin du Yorkshire). — Disposition des travaux et ventilation.

» 12 et 13. Exploitation par galeries étroites et grandes tailles. — Disposition des travaux et ventilation.

» 14, 15 et 16. Exploitation par galeries étroites dirigées parallèlement à la galerie principale. — Disposition des travaux et ventilation.

ERRATA.

—

P. 15, 25ᵉ ligne, au lieu de *dilles ou failles*, lisez : *des dykes ou des failles*.

P. 15, 14ᵉ ligne, au lieu de *inexplosible*, lisez : *inexplosif*.

P. 44, 20ᵉ ligne, au lieu de *yard cubique*, lisez : *yard* (0ᵐ,91) *cube*.

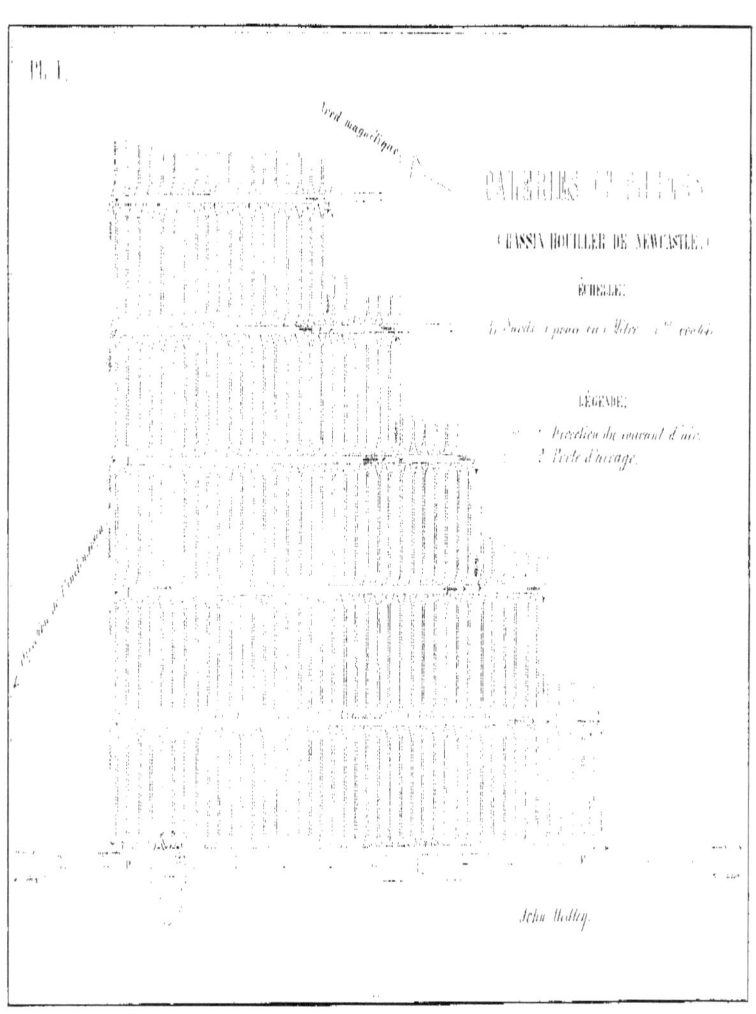
Pl. 1.
(BASSIN HOUILLER DE NEWCASTLE.)
ÉCHELLE:
LÉGENDE:
Direction du courant d'air.
Porte d'aérage.

Pl. 2

(BASSIN DE NEWCASTLE.)

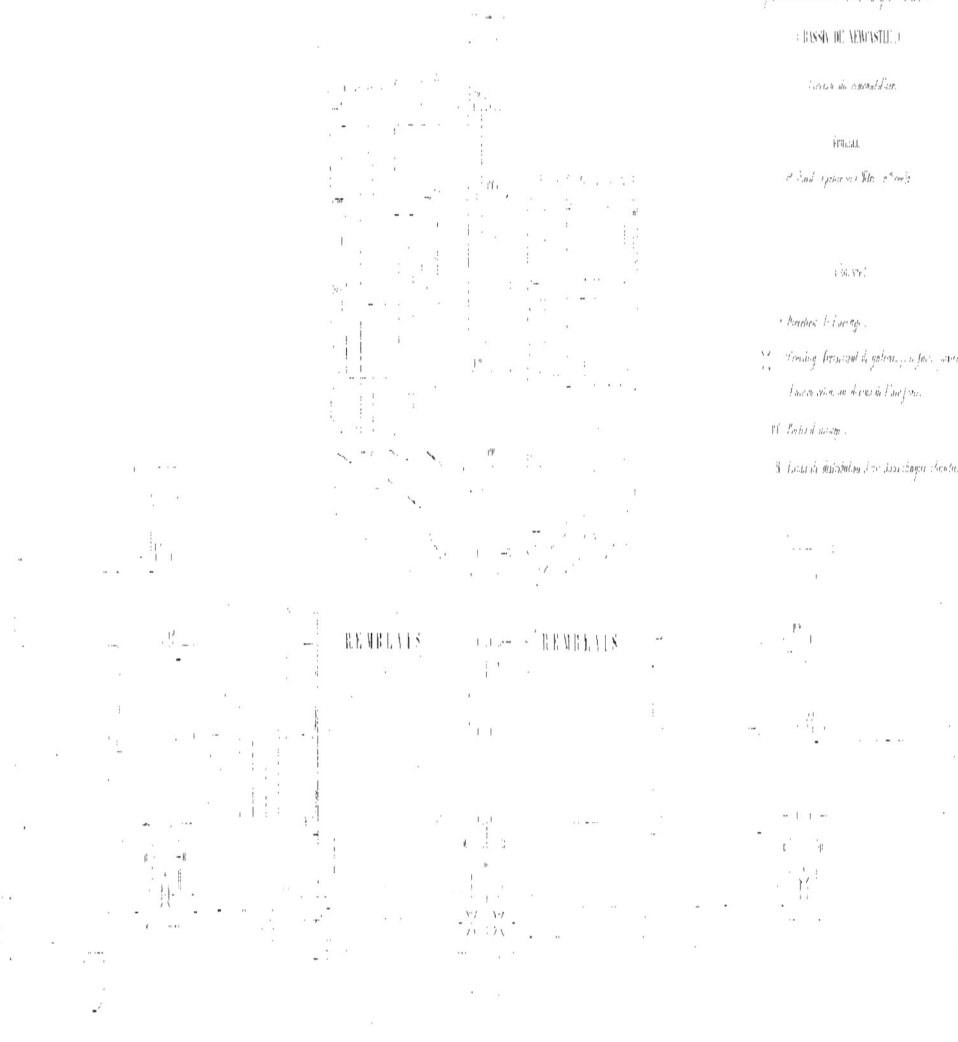

REMBLAIS

REMBLAIS

Pl. 3.

REMBLAIS

2

3

REMBLAIS

Pl. 4

LÉGENDE.

[illegible] pour maintenir les voies à travers les remblais.

→ Direction du courant d'air

✕ Croisage.

Lampe pour la distribution de l'air

Portes d'airage.

Portes remplacées par des serrements lorsque la voie transversale est établie.

Front de taille.

REMBLAIS

REMBLAIS

Voie de niveau transversale pour le transport du charbon à la voie [illegible]

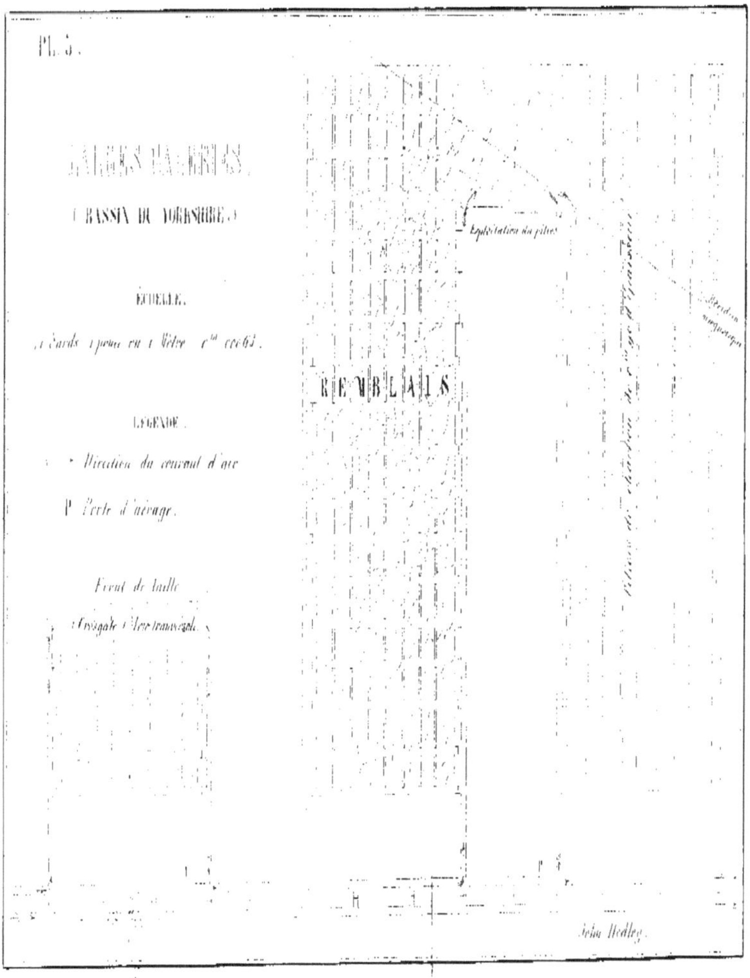

Pl. 5.

LARGES GALERIES.

(BASSIN DU YORKSHIRE.)

ÉCHELLE.

Légende.

→ *Direction du courant d'air*

P *Porte d'aérage.*

Front de taille

REMBLAIS

Exploitation des piliers

John Hedley.

Pl. 6.

LARGES GALERIES,

(BASSIN DU YORKSHIRE.)

ÉCHELLE.

1 Yards 1 pouce ou 1 Mètre 0m 00,63.

LÉGENDE.

→ Direction du courant d'air.

P Porte d'aérage.

Stopping (Cloison d'aérage)

REMBLAIS

Crossgate (Voie transversale)

Piliers de charbon de ... d'épaisseur

John Hartley

PL. 7.

LARGES GALERIES,

(BASSIN DU YORKSHIRE.)

ÉCHELLE.

[illegible] Yards [illegible] ou 1 Mètre [illegible]

LÉGENDE.

→ Direction du courant d'air.

P Porte d'aérage

Front de taille

Front de taille

Front de taille

John Healey

Pl. 8.

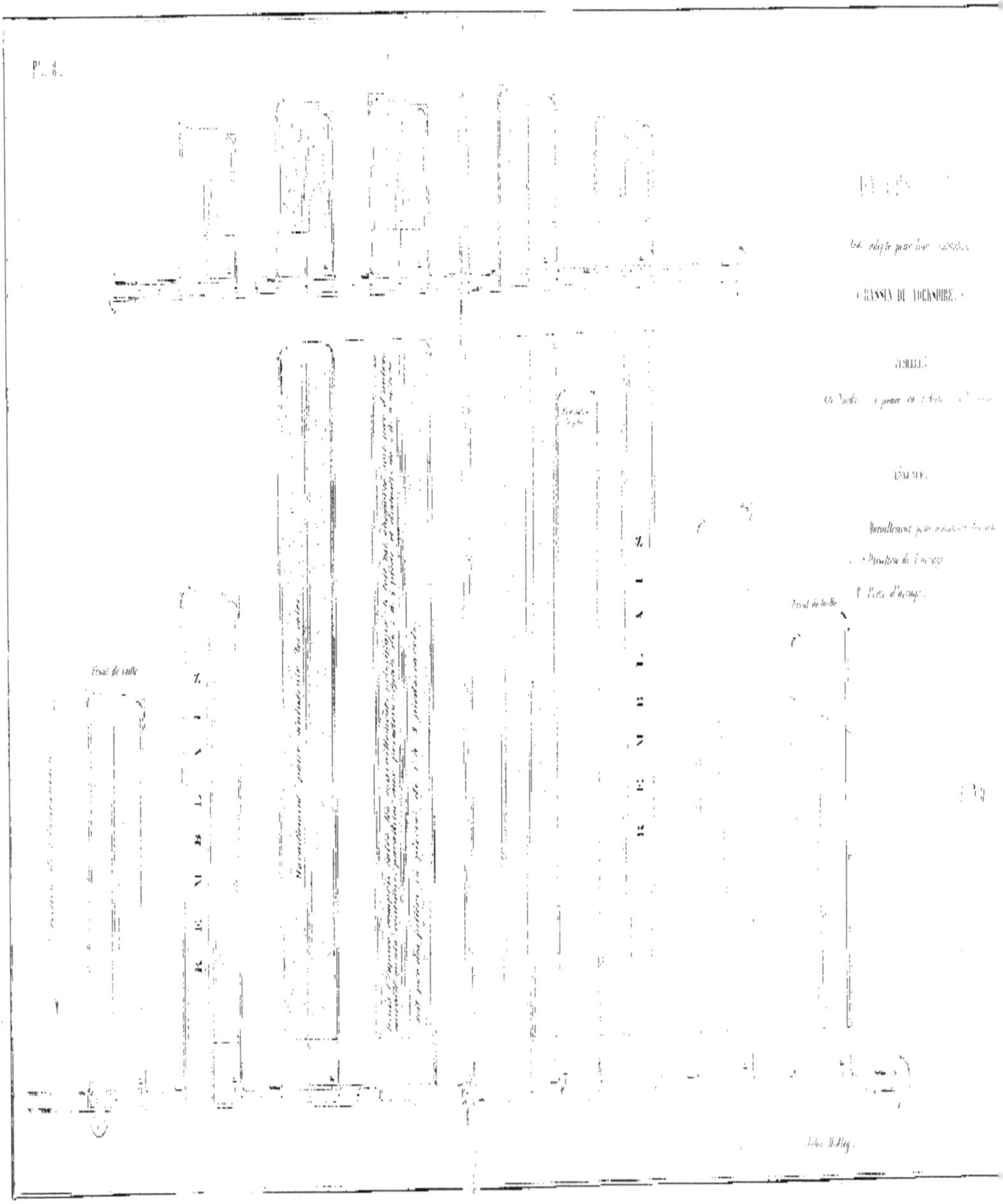

BASSIN DU YORKSHIRE.

ÉCHELLE

LÉGENDE.

Front de taille

REMBLAI

Front de taille

REMBLAI

BASSIN DU YORKSHIRE.

LÉGENDE.

Muraillement en pierres pour maintenir les galeries.

Direction du courant d'air.

Croisement de galeries pour faire passer l'air en retour au dessus de l'air frais.

PP Portes d'aérage.

R Rampe pour la distribution de l'air.

Front de taille

REMBLAIS

Galerie de roulage servant au passage de l'air frais

Front de taille

Galerie de roulage servant au passage de l'air frais

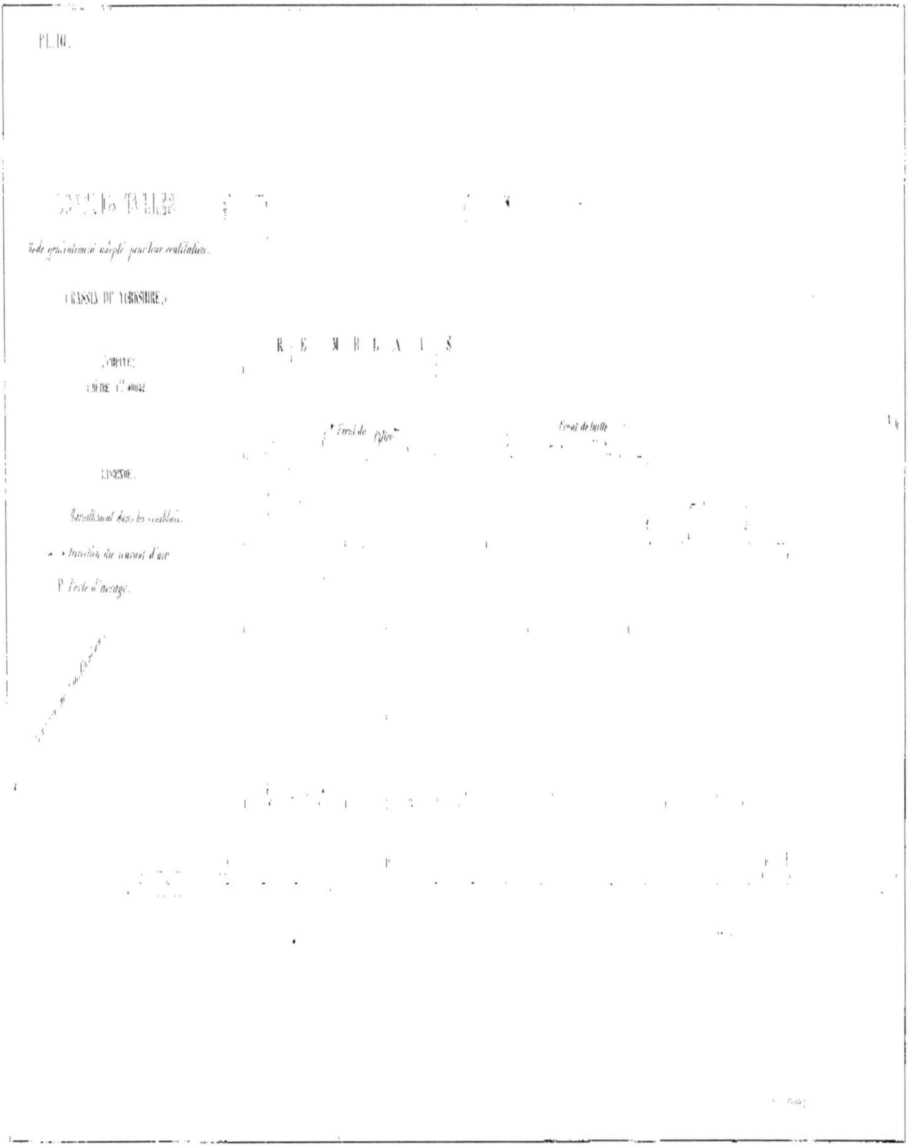

Pl. 10.

[illegible]

Mode généralement adopté pour leur ventilation.

BASSIN DU YORKSHIRE.

[illegible]

LÉGENDE.

[illegible] dans les remblais.

Direction du courant d'air

P. Porte d'aérage.

R E M B L A I S

Front de [illegible]

Front de taille

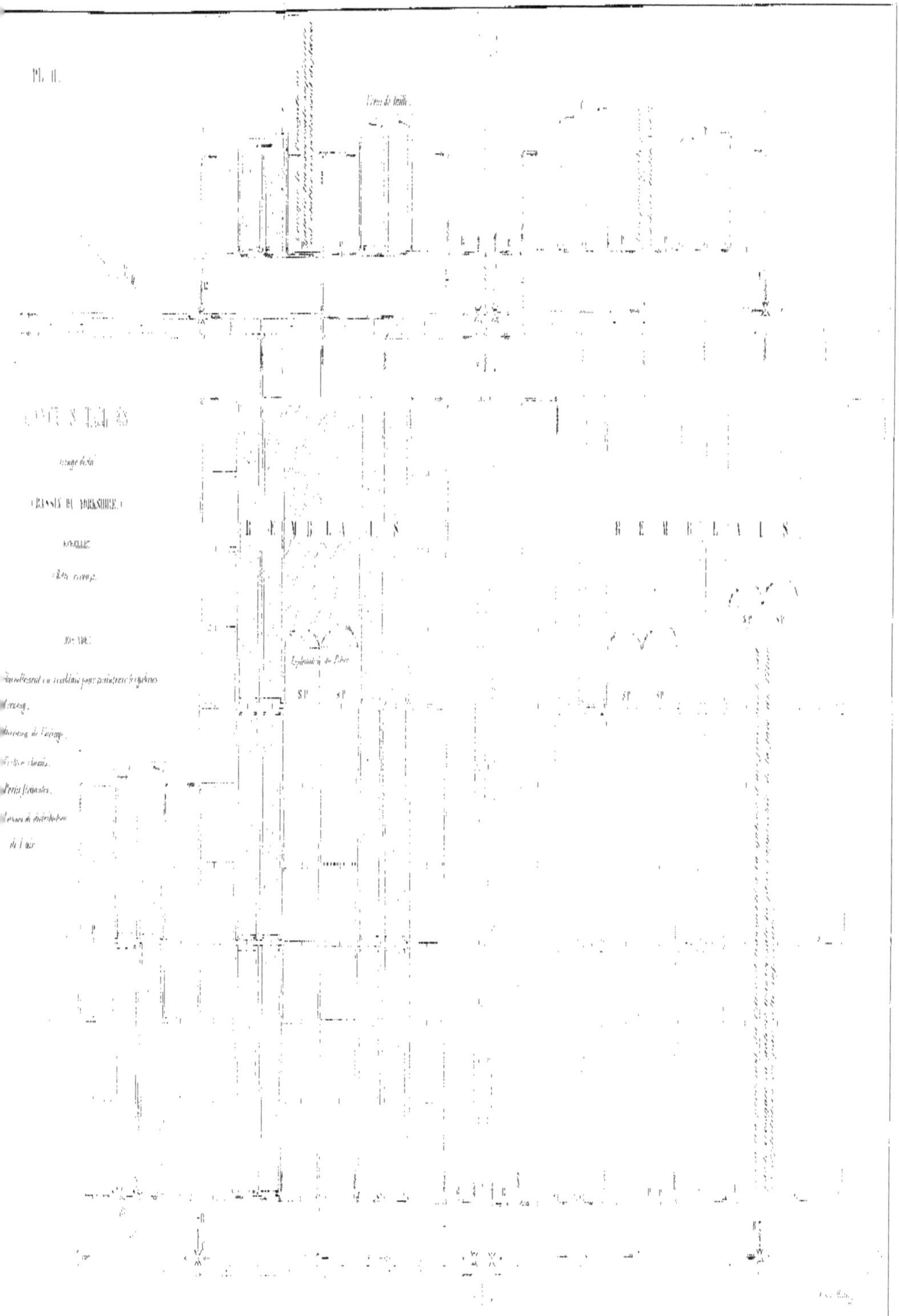

Pl. II.

[illegible]

Bassin du Yorkshire

[illegible]

Légende

[illegible]

Couche de houille

REMBLAIS

REMBLAIS

SP SP

SP SP

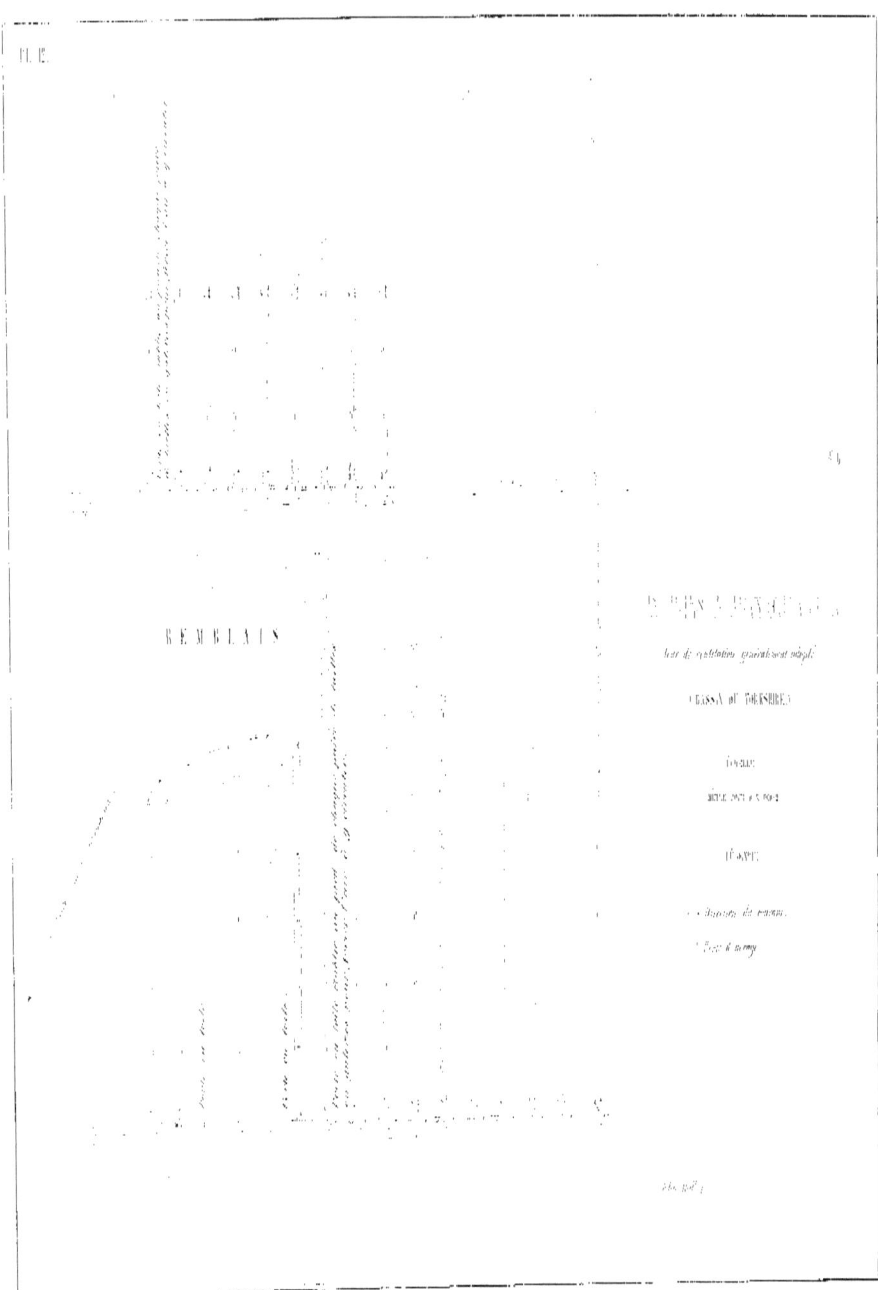
REMBLAIS

LÉGENDE.

Direction du courant d'air.

Crossings.

PP Portes livrant passage à un filet d'air

P Porte d'aérage

C Canal de distribution d'air.

(BASSIN DU YORKSHIRE.)

REMBLAIS

REMBLAIS

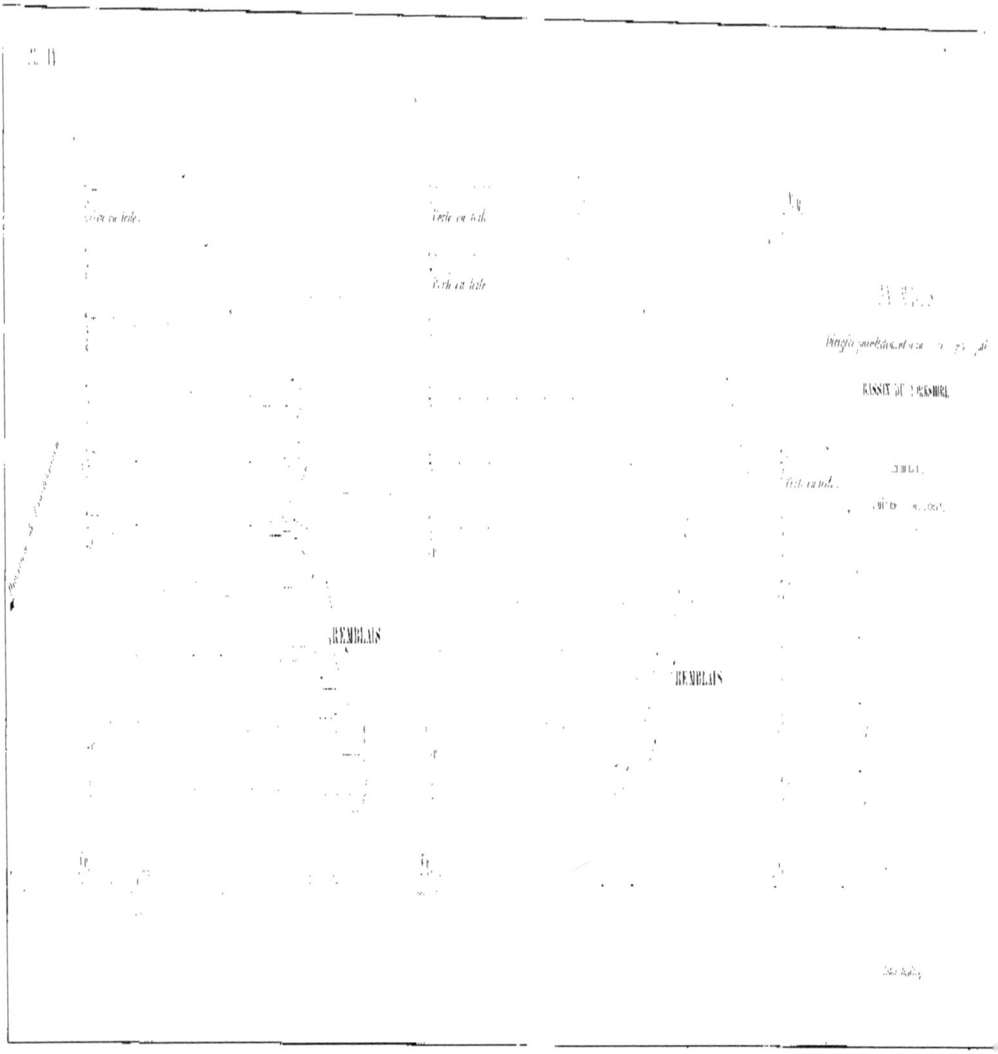

REMBLAIS

REMBLAIS

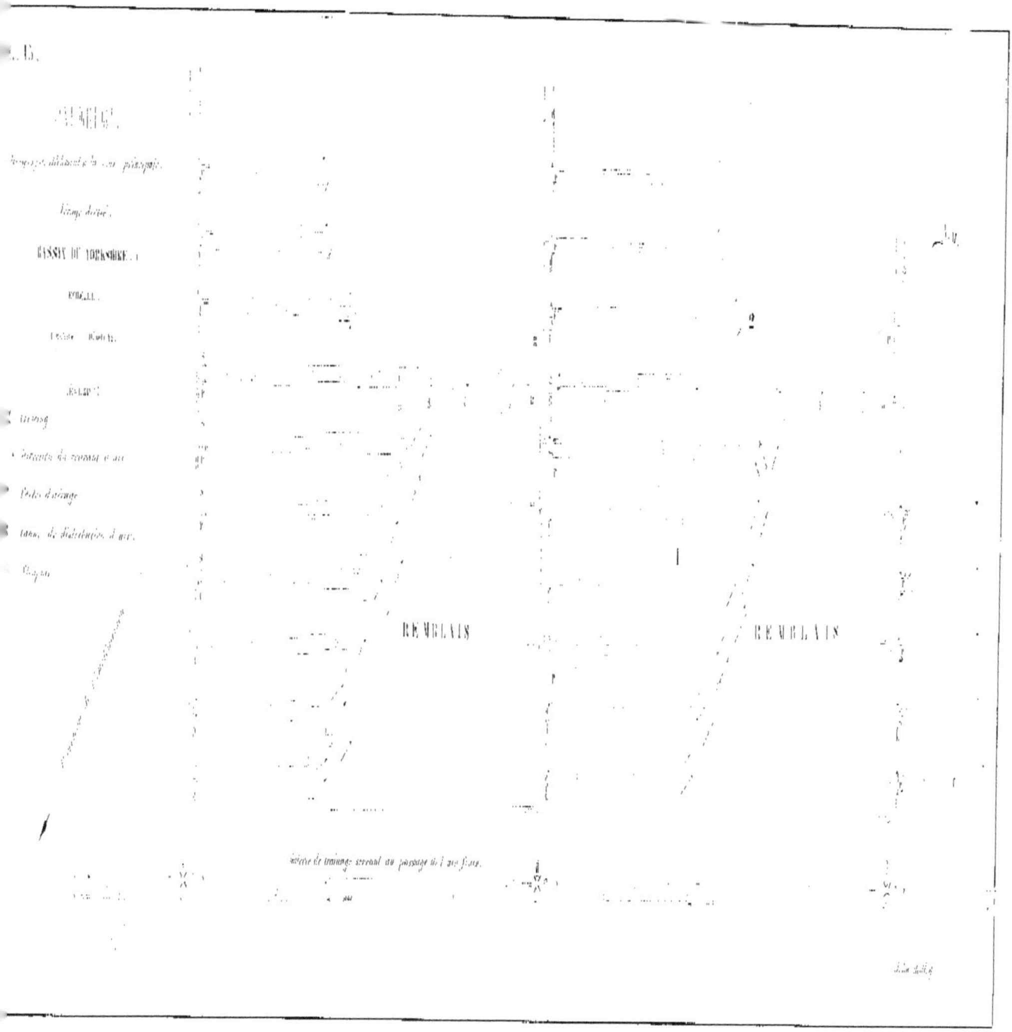

BASSIN DU YORKSHIRE.

Portes d'aérage

REMBLAIS

REMBLAIS

... de tirage servant au passage de l'air frais.

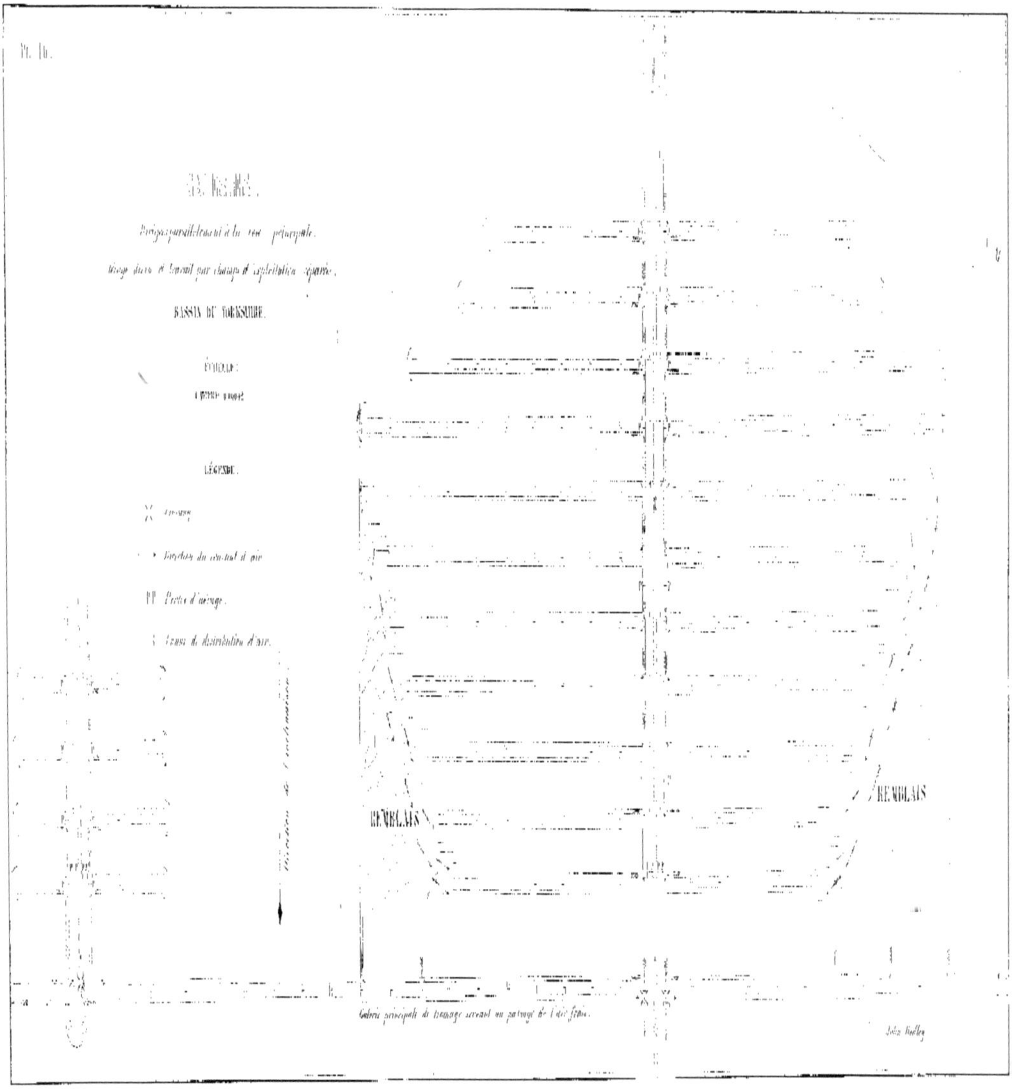

Pl. 16.

Dressées parallèlement à la voie principale.

Aérage direct et tournant par champs d'exploitation séparés.

BASSIN DU YORKSHIRE.

ÉCHELLE :

LÉGENDE.

→ Direction du courant d'air

PP Portes d'aérage.

Canaux de distribution d'air.

Direction de l'inclinaison

REMBLAIS

REMBLAIS

Galerie principale de roulage servant au passage de l'air frais.

John Bulley

www.ingramcontent.com/pod-product-compliance
Lightning Source LLC
LaVergne TN
LVHW050417160826
845677LV00002BA/407

9782329758138